AF297420

NOTICES

DES ACTIONS HÉROÏQUES,

ET DES PRODUCTIONS

DANS LES SCIENCES, LA LITTÉRATURE

ET LES BEAUX-ARTS,

Dont les Auteurs ont mérité d'être désignés à la reconnaissance et à l'estime publique, dans la Fête du 1.ᵉʳ Vendémiaire an 8.

AVERTISSEMENT.

IL est possible qu'il y ait quelques omissions dans ce Recueil. L'intention du Gouvernement étant qu'aucun des citoyens qui ont droit aux honneurs de la proclamation civique ne s'en trouvent privés, ces omissions seront réparées par un supplément.

TABLE

DE LA NOTICE DES ACTIONS HÉROÏQUES.

(iv)

DÉPARTEMENS.	CITOYENS.	COMMUNES.
DOUBS.........	*Germain Gourmaud*.........	Rigney.
EURE-ET-LOIR....	*Élie Chaussier*............	D'Ouarville.
FINISTÈRE.......	*Thibout*, fils...............	Quimperlé.
FORÊTS (des)	*Perret*, militaire de la 2.e compagnie du 1.er bataillon de la 22.e demi-brigade.	
GARD..........	Les Conscrits............	De Saint-Jean.
GARONNE (Haute-).	*Toulouse*, aubergiste........	Plaisance.
GIRONDE (la)	*Laffite*, serg.-maj. des grenadiers, 1.re div., 30.me demi-brigade, 1.er bat.^{on}, armée de Naples.	Thizac.
	Bonnac, fils, commissaire du Directoire exécutif........	Sauveterre.
	Mesuret, pilote...........	Royan.
HÉRAULT (l')	*François Contresti*...........	Serignan.
	Ch. Louguelannes, patron du canal du Midi...........	Beziers.
ISÈRE (l')	*Louis Baudouin*...........	Grenoble.
	Gorgeron, âgé de 17 ans.	
	Jean Capdeville .. *Augustin Paschal*. } conscrits..	Vienne.
	Les conscrits.............	De Voreppe.
ILLE-ET-VILAINE..	*Jean Riviere*	Plelan.
	René Pomereul... *Louis Langelier*... *J. Ch. Tricon*... *Jean Langelier*... *Jean Tison*...... } ouvriers...	Fougères.
JURA	*Joseph Chevassu-Migni*....... *Claude Grosgurin*.......... }	Saint-Claude.
LOIRE-INFÉRIEURE.	Les frères *Perraud*..........	Redon.
	Michel Bernard... *Jean Callieaux*... } ouvriers. .	Couéron.

DÉPARTEMENS.	CITOYENS.	COMMUNES.
LOIRE.............	Les Mariniers de............	Roanne.
	Michel Farjeulx............	Ambierle.
LOIRET..........	*Rigolot*, ingénieur..........	Orléans.
LOT.............	Vingt-six jeunes gens.......	De Figeac.
MAINE-ET-LOIRE..	*Léger.*	
	D'Alifart (citoyenne).......	Montreuil-Bellay.
MEUSE (la)......	*Pierre Brundsaux*, dragon au 1.er régiment en garnison à.	Verdun.
MEUSE-INFÉR.....	*Rabier*.......... } *Buart*.......... } gendarmes.	Tongres.
	Dehayme................	De Galop.
	Les frères *Clermont*..........	De Waels.
	Trostorf................	
	Vranchen................	Saint-Trond.
	Aerts................	
MONT-BLANC....	Trente-deux armuriers de la 1.re escouade..........	Chambéri.
MONT-TONNERRE.	*Duroy*, lieutenant au 1.er bataillon de la 1.re demi-brigade d'infanterie légère.	
MORBIHAN......	*Desroches*, âgé de 14 ans.	
	Joseph l'Épine...........	L'Orient.
	James Vail.	
MOSELLE........	*Nicolas Royer*............	Gorze.
	Jean Luthe.............	Remling.
NIÈVRE........	*Barjon*................ } *Coumiot* (citoyenne)....... }	Nevers.
NORD..........	Les frères *Tellier*..........	Dunkerque.
OISE (l')........	*Claude Gauzer*, âgé de 14 ans, de l'école nationale de......	Liancourt.
	André Lefevre, âgé de 10 ans.	Charençon.
	Vacelet, gendarme........	Mouchy-Humières.

DÉPARTEMENS.	CITOYENS.	COMMUNES.
OURTHE (l')	*Rousseau*, père	Fraiture.
	Guillaume Peters	Verviers.
PAS-DE-CALAIS	*J. B. Lefranc*	Hesdin.
	Lievin Rincudin	
	Phil. Lacouture	Arras.
	Augustin Dieppe.	
RHIN (Haut-)	*Jean Sommer*, anabatiste	Valdieu.
	F. Jh. Christen, agent municipal	Balschwiller.
RHIN (Bas-)	Les Citoyens de	Erstein.
SEINE (la)	Les frères *Condamina*	Paris.
	J. M. B.ᵈ Venteclay	Passy.
	J. L. Boudin	
	Basset	Choisy.
	Demoncin. grenadiers à cheval	
	Raynal... du Directoire exécutif.	
	Dommage.	
	Ouriez, grenadier de la 20.ᶜ demi-brigade de ligne.	
	André Locquet, âgé de 8 ans	Paris.
SEINE-INFÉRIEURE.	*Thomas Martin*	Dernetal.
	Les *Gaquerel*, père et mère	Cany.
	Les frères *Chevalier*	Hâvre.
	Louis Fausset, grenadier au 3.ᶜ bataillon de la 7.ᶜ demi-brigade.	
SEINE-ET-MARNE.	*J. L. Gascoin*, âgé de 15 ans	Moret.
SEINE-ET-OISE	*Letort*, gendarme.	Meulan.
	J. Andrejean	
	François Moisy	
SÈVRES (Deux-)	*Puchaud*, gendarme	Ayrvault.
SOMME (la)	*Louis Darde*, militaire	Montreuil-sur-mer.

TABLE DU SUPPLÉMENT.

CITOYENS.	COMMUNES.
René Rosse, officier marin	Rennes.
Jean-François-Adrien Prevost, aide-timonnier, embarqué sur *le Pilade*	Havre.
Robin et *Carpentier*, maître et aide canonnier	Idem.
Edmond Richer, commandant *la Baïonnaise*, et *Joseph-Marie Richard*, mousse sur ladite corvette.	Rochefort.
Cusin aîné, l'un des prud'hommes des pêcheurs, et son frère, patron-pêcheur	La Ciotat.
Bompard, chef de division, commandant le vaisseau *le Hoche*	*Plymouth.*
Les *Marins* composant l'équipage de la corvette de la République *la Badine*	Toulon.
Bédisque, quartier-maître de Belle-île-en-mer	Lorient.
Maurice Delille, aspirant de marine	Toulon.
Corset, capitaine caboteur	Havre.
Duchemin le jeune et *Dasulva*, patrons	Idem.

ACTIONS

ACTIONS DE COURAGE,

DE DÉVOUEMENT

ET D'HUMANITÉ.

Département de l'Ain.

Les C.ens Benoît MOREL, POLLAT et MOLARD, habitans de la commune de Rillieux.

LE 23 brumaire an 7, ces trois braves citoyens ont attaqué, terrassé et mis à mort un fameux chef de brigands, connu sous le nom de *Lebœuf :* et dirigés par le désintéressement, compagnon ordinaire des actes de la bravoure patriotique, ils ont été ensuite déposer chez le juge de paix du canton, une montre enrichie de diamans, et plusieurs autres effets de prix provenant de la dépouille de ce chef de brigands.

Le Directoire exécutif, par son arrêté du 29 ventôse an 7, a ordonné qu'il leur serait écrit une lettre de félicitation par le ministre de l'intérieur ; qu'il leur serait distribué, à titre de récompense, une somme de 100 fr. à chacun ; que les bijoux déposés par eux chez le juge de paix leur seraient partagés, et que le C.en Benoît *Morel* recevrait en outre, comme un témoignage particulier de sa valeur, le sabre qu'il avait arraché des mains du brigand Lebœuf.

A

Département des Basses-Alpes.

Jean-François COLLONYS, maçon, de la commune de Courchon, canton de Saint-André.

Le 12 pluviôse an 7, *Collonys* aperçoit du sommet d'un coteau une forte colonne de fumée qui part de la maison du C.^{en} Reboul., cultivateur: il y vole; les propriétaires sont absens; il appelle du secours; des voisins accourent; il monte sur le toit: c'est un grenier à foin qui s'est enflammé; le comble brûle déjà et menace de s'écrouler sous lui. Rien ne l'effraie; on lui passe des seaux d'eau et des monceaux de neige, et il les jette sans relâche sur le feu pour en amortir la fureur. Dans cet intervalle, l'épouse du propriétaire de la maison revient, voit ce spectacle, pousse des cris affreux. Son enfant au berceau est dans la maison; la flamme et la fumée ne permettent pas d'y pénétrer. *Collonys*, à ces cris, descend du toit, s'informe de la place où est le berceau, se glisse sur les mains et sur les pieds dans l'appartement; il cherche le berceau, croit le saisir, se trompe, cherche encore à tâtons, le trouve enfin, le soulève, l'emporte, et le remet à la malheureuse mère. Ce brave homme! ses cheveux, ses habits, sa figure, ses mains étaient brûlés; il était méconnaissable : eh bien! malgré ses blessures et ses fatigues, il remonte avec une intrépidité nouvelle sur le toit, et ne le quitte que lorsque toute communication est interceptée au feu.

Département de l'Ardèche.

Le C.^{en} Jean-Pierre VINARD, conscrit de la commune de Champis.

Lors de la levée de la conscription, les conscrits du canton de Saint-Peray, au nombre de vingt-cinq, se sont sur-tout distingués par leur empressement, leur enthousiasme et leur amour pour la gloire des armes républicaines. L'un d'entre eux, le C.^{en} *Vinard*, qui jouit d'une fortune honnête, s'est fait remarquer par le discours suivant, qui mérite d'être conservé, et donne l'idée de sa belle ame et de l'esprit dont ses camarades sont animés.

A l'instant où l'on écrivait son signalement, un homme s'approche de lui, et lui propose de partir à sa place s'il veut lui donner telle somme. « Vous demandez de l'ar-
» gent, lui répond *Vinard*, pour servir la nation ; et
» moi au contraire, vous me donneriez mille écus
» comptant que je ne vous cédérais pas ma place. On
» parle d'une nation qui vient exprès du bout du monde
» pour égorger, piller et violer : sur ma parole, et si
» tous les conscrits partagent ma volonté, il n'en retour-
» nera pas un pour porter les nouvelles. »

Département des Ardennes.

Le C.^{en} BONNE, la veuve Sébastien BOULET, tous deux de la commune de Signy, et le C.^{en} André GENCE, de celle de Fligny.

Dans le courant de frimaire an 7, Jacques l'Hôpital et son épouse meurent presque en même temps, et laissent trois enfans orphelins en bas âge et sans aucune ressource du côté de la fortune. Par respect pour la mémoire de leurs honnêtes parens, quelques voisins leur portent des secours ; mais cela ne suffisait pas pour les garantir long-temps de l'indigence. Informés et touchés du sort dé-plorable de ces innocentes victimes de l'adversité, les C.^{ens} *Bonne*, André *Gence*, et la veuve Sébastien *Boulet*, se concertent et se rendent à la chaumière habitée par ces enfans ; ils en prennent un chacun, se présentent devant l'autorité civile, les adoptent, et les ravissent de la sorte, non-seulement à une misère inévitable, mais encore à tous les dangers que le défaut total d'éduca-tion peut répandre sur la vie des hommes.

Un si bel exemple doit faire placer la loi d'adoption au rang des principaux bienfaits de la révolution.

Guillaume PERRIN, âgé de huit ans, de la commune de Rethel.

L'enfance a aussi ses héros. Le 25 ventôse, le flottage des bois de la marine sur la rivière d'Aisne attire un grand nombre de curieux sur la rive, et sur-tout d'enfans. Le petit Varlet, âgé de cinq ans, tombe dans l'eau et est entraîné par le courant extrêmement rapide, sans que personne se présente pour le secourir : le jeune *Perrin*, sans consulter ni ses forces ni le danger, se déshabille, se jette à l'eau, et sauve son petit camarade.

La C.^ne JACQUEMART de la commune de Francheval, et le C.^en LAMOTTE, juge de paix du canton de Givonne.

La C.^ne *Jacquemart* est septuagénaire et aveugle. Elle n'a qu'un fils ; c'est l'appui de sa vieillesse : mais la patrie réclame ses services ; alors le souvenir de ses infirmités, le sentiment de sa faiblesse et de son grand âge, la certitude de son inhabileté au travail, l'attachement maternel enfin toujours si impérieux, tout se tait à la voix du devoir ; elle n'éprouve que la joie d'avoir donné le jour à un fils dont le bras puisse soutenir la cause de la liberté et la gloire de la République, et elle le conduit elle-même devant les magistrats pour lui obtenir une feuille de route.

Lorsque la nouvelle de l'assassinat des ministres français à Rastadt vint enflammer d'indignation tous les cœurs républicains, le C.^en *Lamotte*, juge de paix du canton de Givonne, contracta l'engagement de donner chaque année une somme de 76 francs au citoyen qui n'étant ni réquisitionnaire, ni conscrit, se présenterait le premier pour s'enrôler.

Département de l'Aube.

Le C.^{en} Lejeune, de la commune de Troyes.

Le 28 floréal an 7, la C.^{ne} Moreau tombe dans la Seine, dans le canal des blanchisseurs, et est bientôt engloutie dans le gouffre de Coursels. *Lejeune* apprend cet accident, part de chez lui, court à la rivière, se jette à la nage, plonge dans le gouffre, et ramène à bord cette infortunée, qui a été rendue à la vie.

Ce digne citoyen a hérité des vertus de son père, recommandable par son amour pour le bien public et par plusieurs établissemens utiles au commerce de Troyes. *Lejeune*, en marchant sur les traces de ce père, s'est acquis l'estime générale par sa piété filiale envers sa belle-mère, et en établissant ses beaux-frères.

Département du Calvados.

Bigot, capitaine de barque de la commune de Lyon, François Onfrey, de la commune de Moyaux, et cinq citoyens anonymes de Honfleur.

Le 6 pluviôse an 7, le C.^{en} Pierre *Bigot* était à la mer : il faisait une tempête affreuse. Il voit, par le travers de Trouville, une chaloupe montée de neuf personnes ; elle luttait contre les flots et menaçait d'être submergée. Malgré le péril où *Bigot* se trouvait lui-même, et le danger plus grand encore d'un abordage en pareille circonstance, il détermine son équipage à porter secours à cette chaloupe : par d'habiles manœuvres, il réussit à l'accoster. A peine eut-il pris à son bord ceux qui la montaient, que cette chaloupe coula bas. Il eut la satisfaction de remettre ces neuf hommes sains et saufs à leurs concitoyens, que la nouvelle de leur détresse avait attirés sur le rivage.

Le même jour, une vieille femme commet l'imprudence de traverser à cheval la rivière d'Ouillye, extrêmement gonflée par les pluies et le dégel. Le courant l'emporte ; elle tombe de cheval , et elle disparaît dans les eaux. Les riverains accourent , et l'on ne voit aucun moyen de la sauver. *Onfrey* seul , âgé de dix-neuf ans , s'étonne qu'on délibère : il ne sait pas nager , mais il se fait attacher avec des cordes , se jette à l'eau , et plonge à la place où la femme doit être. Il la trouve en effet ; mais il pense périr lui-même , parce que cette femme est fortement accrochée par ses habits à des racines : enfin il plonge à plusieurs reprises , parvient à la dégager , et lui sauve la vie.

Le 14 du même mois , un généreux dévouement signala également la commune de Honfleur. Un petit bateau de Quillebœuf , chargé de harengs , et monté de trois hommes , était sous la batterie de l'Hôpital ; il allait appareiller. Sur les sept heures huit minutes décimales , à la mer montante , il s'élève un ouragan furieux ; le bateau ne peut faire voile et il est près de périr. Cinq citoyens , touchés du sort de ces trois infortunés , se jettent dans une chaloupe , au risque d'être engloutis eux-mêmes par la violence des vagues. Ils arrivent , à force de rames , au lieu où était le bateau. Quelle est leur douleur ! il avait péri ; et deux hommes déjà avaient été sans ressource emportés par le courant ; ils ne peuvent en sauver qu'un. Leur retour au port fut mille fois plus pénible encore ; la fureur de la mer allait toujours en croissant : enfin ils abordèrent aux acclamations de leurs concitoyens , qui désespéraient de les revoir. Ils complétèrent leur action généreuse en conduisant dans une auberge celui qui leur devait la vie , et lui faisant prodiguer , à leurs frais , tous les secours dont il avait besoin.

Les deux frères BORDEAUX , âgés de vingt-trois et de vingt ans , de la commune de Villers-Bocage.

La loi de la conscription s'exécute. *Bordeaux* l'aîné tombe au sort ; il se présente à l'administration municipale pour

avoir une feuille de route. Son jeune frère l'accompagne ;
il demande la parole : « Mon frère , dit-il, est tout l'es-
» poir de notre mère ; son travail soutient sa vieillesse :
» je n'ai pas l'orgueil de me croire capable de le rem-
» placer dignement dans un devoir aussi sacré ; mais la
» loi m'autorise à le remplacer aux armées ; c'est moi qui
» vais partir. » L'aîné, surpris, veut s'opposer à ce projet.
Un combat de générosité s'établit entre les deux frères ;
les larmes coulent de tous les yeux ; les administrateurs
attendris les pressent contre leur sein. Enfin les sollicitations triomphent de la constance de l'aîné ; le cadet
part.

C'est ainsi que la vertu , plus puissante que toutes les
forces conjurées contre la France, promet à la République
des triomphes infaillibles : qui peut se flatter de vaincre
des armées composées de semblables guerriers !

Département de la Charente.

Louis HITIER, passager de la commune de Manot,
et Philippe GUINDON , cultivateur de la
commune des Pins.

Deux citoyens, le 6 germinal an 7 , traversent la
Vienne dans un bateau, au-dessus de l'écluse d'un moulin :
ils se dirigent mal, le courant les entraîne ; leur bateau
chavire ; ils disparaissent. Louis *Hitier*, père de cinq
enfans au berceau, saute dans un bateau presque ver-
moulu, et qui fait eau de toutes parts ; il n'a pas le choix :
il arrive, à travers les dangers, à la place où ces deux infortunés avaient fait naufrage. Il en aperçoit un, le saisit
par les cheveux , et parvient à le coucher dans le bateau,
qui, sous ce nouveau poids, est près de couler bas. Ce
surcroît de péril ne le décourage pas ; il cherche le
second, a le bonheur de le trouver, le prend par une
jambe, emploie toute sa force pour le soulever , et le
place avec précaution à côté de son camarade ; et c'est

ainsi qu'il les reconduit au rivage, dans une frêle barque, dont le délabrement l'exposait à être englouti lui-même à chaque instant.

Le 13 du même mois, la rivière de Bonniure se déborde : elle entraîne le C.^{en} Pierre Micheleau, âgé de quatre-vingts ans. Philippe *Guindon* accourt aux cris du vieillard, et, sans savoir nager, se jette dans les flots, s'accroche tour-à-tour à des branches d'arbre, à des rochers, à des touffes d'herbes aquatiques, parvient jusqu'au vieillard, et réussit enfin à lui sauver la vie, après avoir exposé mille fois la sienne.

Département des Côtes-du-Nord.

Le C.^{en} Yves LEGRAËT, de la commune de Maël-Carhaix.

L'intrépidité et le sang-froid d'un seul homme suffisent souvent pour déconcerter les projets combinés du crime. Dans la nuit du 28 au 29 messidor an 7, trois brigands se présentent chez le C.^{en} Yves *Legraët*, acquéreur de biens nationaux. Il ouvre sa porte, et ils le somment de leur payer à l'instant le revenu de sa propriété. Il fait un pas en arrière, saisit une hache, et abat à ses pieds celui des brigands qui se trouve le plus à sa portée ; les deux autres, effrayés, prennent la fuite, en abandonnant sur la place leurs armes et leurs chapeaux.

Département de la Creuse.

Guillaume BEAUVAIS et Jean-Baptiste LABUSSIÈRE, de la commune de Benevent.; Jean BELINGEON, de la commune de Chambouchard ; et Philippe LORY, de la Souterraine.

Aucune privation, aucune séparation, n'ont coûté aux conscrits de la Creuse ; ils ont quitté généreusement leurs pères et leurs femmes pour voler au secours de la République. Les quatre citoyens que nous citons se sont distingués en marchant volontairement pour leurs frères ; et nombre d'autres jeunes gens se sont retirés chez eux en pleurant, parce que, trop faibles encore, on ne pouvait pas agréer leurs services, ou volontaires, ou en remplacement.

Département de la Dordogne.

Jean DEJENS, militaire, et Jeanne DES-IVES sa mère, cultivateurs de la commune de Preissac.

Jean *Dejens*, fils unique d'une mère (Jeanne *Des-ives*) dont il était le soutien, obéit à la loi, et partit pour l'armée il y a cinq ans. A son départ, sa mère ressentit vivement la privation qu'elle allait éprouver, et cependant lui commanda de ne jamais revenir sans la permission de ses chefs. Il le lui promit, a tenu parole, et par une excellente conduite a mérité l'estime de ses frères d'armes. Brave soldat, bon républicain, il devait être bon fils. Cependant les chances de la guerre, quelquefois injustes, le conduisent prisonnier en Angleterre : alors, incertain sur le terme d'une captivité qui peut durer long-temps, il songe à l'embarras où sa longue absence peut réduire sa mère ; il n'a qu'un moyen d'y parer, et il le met aussitôt en usage. « Je suis prisonnier
» en Angleterre, lui écrit-il; mais ne vous alarmez point :
» cependant je puis être encore long-temps absent, et
» je crains que votre tendresse pour moi ne refuse à votre
» vieillesse ce qui lui est nécessaire pour en rendre le
» cours aussi long qu'heureux. Je vous envoie ma pro-
» curation pour vendre tout ce qui m'appartient ; servez-
» vous-en, je vous en conjure et je l'exige, pour vous
» procurer les soulagemens indispensables à votre âge :
» gardez-vous sur-tout de me rien envoyer ; je ne manque
» de rien ; mon unique besoin est de vous savoir heu-
» reuse. Conservez-moi ma mère ; c'est l'unique fortune
» dont je sois jaloux. »

A la réception de cette lettre, la mère, touchée jusqu'aux larmes de la piété filiale de ce digne républicain, s'empresse de la faire lire au commissaire du Directoire exécutif près de son canton, et l'invite à répondre pour elle à son fils, « que bien loin de vendre » son bien, elle mettait sa gloire à le conserver à un » si digne enfant, et qu'elle avait eu le bonheur de » l'augmenter; que, depuis son départ, elle avait eu la » force de se réduire, pendant quatre ans, à un seul repas » par jour; que, par cette économie, elle était parvenue » à payer quelques dettes dont ce bien était grevé, et » à faire réparer tous les bâtimens; que tout cela était » fini depuis un an, et qu'elle avait alors repris sa nour- » riture ordinaire; que l'unique souhait qu'elle eût à faire, » était de revoir un si bon fils vainqueur des ennemis » de la République. »

Quelle heureuse analogie entre les vertus du fils et de la mère! et quel exemple simple et touchant de respect filial et de tendresse maternelle!

Vincent GRANGIER, de la commune de Neuvic.

Le fils de Vincent *Grangier* et un jeune homme de ses voisins avaient déserté d'une compagnie qui se rendait à Rennes, et étaient revenus dans leurs foyers.

Vincent *Grangier* ne balance pas; il ordonne à son fils et à son camarade de le suivre, et les conduit, le 19 prairial an 7, au général de division Chalbos.

Après avoir satisfait au devoir, il ose solliciter l'indulgence pour les deux déserteurs : le général se laisse fléchir à la voix de ce digne père.

« Maintenant, s'écrie *Grangier*, je suis heureux : j'ai » perdu un frère et un fils au service de la République; » mon second fils est à l'armée d'Italie; et vous venez » de me rendre le dernier qui me reste, que je puis offrir » encore à la défense de la liberté. »

Département du Doubs.

Germain GOURMAUD, de la commune de Rigney.

Ce jeune homme, âgé de dix-huit ans, traverse la rivière d'Ougnon avec le C.^{en} Didier Tribouley : elle était gelée ; la glace se brise, Tribouley est englouti, mais ne perd pas la tête ; il nage, s'accroche à la glace, lutte long-temps. *Gourmaud* l'aide, le conseille, le dirige, mais en vain ; les forces s'épuisent ; Tribouley disparaît en criant à *Gourmaud :* « Sauve-toi ; c'est bien assez que je » périsse. » Le brave jeune homme, loin d'obéir, achève de briser la glace, se jette à l'eau, plonge, saisit Tribouley, et le sauve après avoir couru le danger que les glaces se refermassent sur sa tête.

Département de la Dyle.

Les C.^{ens} PIERARD et Joseph GHESNIERE, de la commune de l'Eau.

A l'époque du 15 pluviôse an 7, le canton de l'Eau se trouva totalement submergé : la commune manquait entièrement de sel ; *Pierard*, père de cinq enfans, prend la résolution de tout tenter pour faire cesser cette privation, et procurer à ses concitoyens une denrée si nécessaire à la vie. Il résiste à toutes les observations et à toutes les prières ; il monte à cheval, et sort de la ville. Toutes les chaussées étaient couvertes par les eaux et les glaçons : il s'égare ; son cheval tombe, est emporté par la violence des courans, et périt ; lui-même reste pendant quelques minutes enseveli sous les eaux : les citoyens que son intrépidité avait attirés sur les murailles, fré-missent de son danger ; mais nul n'ose se hasarder pour voler au secours de celui qui s'était exposé pour eux. Joseph *Ghesniere*, âgé de vingt-trois ans, s'indigne de cette ingratitude, et, sans savoir nager, se jette dans les flots, se fait jour à travers les glaces, les écarte, avance, parvient jusqu'à *Pierard*, et a le bonheur de lui sauver la vie.

Département d'Eure-et-Loir.

Élie CHAUSSIER, de la commune d'Ouarville.

Ce brave citoyen revenait, le 6 pluviôse an 7, du Gallardon à Ouarville, avec le C.en Pierre Trousseau. Ils arrivent à un lieu nommé la Boude de Voise, et y trouvent un torrent considérable formé par la fonte des neiges. Trousseau, à cheval, veut le franchir ; mais le torrent l'emporte : il va périr. *Chaussier* se précipite après lui, et, ayant de l'eau jusqu'au-dessus de la poitrine, joint Trousseau, saisit la bride du cheval, et croit avoir sauvé son camarade ; mais la bride casse, et Trousseau est entraîné de nouveau. *Chaussier* ne se décourage pas, rejoint encore son ami, lui saisit le poignet d'un bras vigoureux, le sépare de son cheval, et l'entraîne à terre. Mais ce service ne suffit pas à sa courageuse amitié ; il se plonge une seconde fois dans le torrent, joint enfin le cheval déjà entraîné à une distance considérable, parvient à le dégager, et le ramène à son maître.

Département du Finistère.

Olivier-Maurice THIBOUT fils, de la commune de Quimperlé.

Le 8 germinal an 7, vers les neuf heures décimales, une citoyenne se laisse tomber dans la rivière. En vain on jeta à cette infortunée, des cordes, des perches et autres manœuvres pour lui faciliter les moyens de se sauver : les eaux étaient grosses, la saison était très-rigoureuse encore, et personne n'osait affronter les dangers que ces obstacles présentaient. Le jeune *Thibout* passe sur le quai, aperçoit cette malheureuse femme qui lutte contre la mort. Sourd à la crainte et n'écoutant que son cœur et la voix de l'humanité, il s'élance dans les flots, rejoint cette femme, la saisit, et la ramène au rivage.

Département des Forêts.

PERRET, militaire de la 2.ᵉ compagnie du 1.ᵉʳ bataillon de la 22.ᵉ demi-brigade.

Ce généreux militaire est envoyé, dans le mois de pluviôse de l'an 7, comme garnisaire, dans la commune de Jusseret. Le percepteur des contributions l'informe qu'il va le placer chez un père de famille indigent. *Perret* le prie de lui dire quelle est la somme dûe par cet infortuné. Sur la réponse du percepteur. « Il » est inutile, dit *Perret*, de faire de la peine et des frais » à un père de famille pour si peu de chose. » Il tire alors de l'argent de sa poche, acquitte la dette, et envoie la quittance au débiteur.

Département du Gard.

Les CONSCRITS de la commune de Saint-Jean.

Parmi les preuves de dévouement patriotique dont les conscrits du département du Gard ont donné de nombreux exemples, on distingue entre autres l'enthousiasme de ceux de la commune de Saint-Jean. Le 8 vendémiaire an 7, ils se sont levés en masse avant d'être convoqués par les autorités constituées, se sont présentés spontanément à l'administration municipale, ont demandé et obtenu des feuilles de route, et sont partis sur-le-champ,

Département de la Haute-Garonne.

TOULOUSE, aubergiste de la commune de Plaisance.

Jean Hunereau, conscrit du département des Basses-Pyrénées, en route pour se rendre aux armées, est saisi d'un violent accès de fièvre au milieu du chemin : la force lui manque ; il est obligé de se coucher dans le fossé. La nuit survient, et il y reste seul, sans secours et presque sans connaissance. Au retour de la lumière, moins tourmenté par la fièvre, mais aussi abandonné de ses forces, il se lève, essaie de continuer sa route, et se traîne jusqu'à Plaisance, où il tombe presque évanoui entre les bras des premières personnes qu'il rencontre. On lui indique l'auberge du C.^{en} *Toulouse* : il est sans argent ; il s'y présente cependant, s'annonce comme conscrit, expose sa situation, et est reçu de ce brave ré-publicain avec la plus touchante fraternité. Il pourvoit d'abord à ses premiers besoins, appelle le C.^{en} Lamassan, chirurgien et agent municipal, fait visiter le malade, et pourvoit à tout. Après quelques jours de repos, lorsque le conscrit se disposait à partir, le chirurgien déclare que ce jeune homme a tous les symptômes d'une petite vérole prochaine. Alors le digne *Toulouse*, dont l'huma-nité croît en proportion des dangers de Hunereau, fait préparer la meilleure chambre et le meilleur lit de sa maison, y place le malade, affecte une personne spé-cialement à sa garde ; et sans craindre d'éloigner les étrangers de son auberge, dont le produit est son seul revenu, sans rien redouter pour ses nombreux enfans, sans calculer la dépense qu'il va faire ; il ne voit que le bonheur de conserver un enfant à sa famille et un défenseur à la patrie. Au bout d'un mois et demi de la plus violente comme de la plus dangereuse maladie, le vertueux *Toulouse*, dignement secondé par Lamassan, a vu leurs soins couronnés par le succès ; et le jeune Hunereau, convalescent, a recouvré assez de forces pour songer à son départ. Cette séparation a été tou-chante. « Jamais, disait le jeune homme, en pleurant et » en embrassant *Toulouse* et Lamassan, je ne pourrai vous » rendre vos bienfaits. » — « Veux-tu nous marquer ta » reconnaissance, lui dit le bon *Toulouse*, rends-toi à » ton poste, et bas bien les ennemis de la République. »

Il faut se séparer enfin ; et *Toulouse* mit le comble à sa conduite généreuse en donnant à ce jeune homme l'argent nécessaire pour poursuivre son voyage.

Un élan d'enthousiasme inspire un acte de dévouement ; mais qu'elle est belle, qu'elle est rare sur-tout la bienfaisance dont le temps, les fatigues et les dangers n'émoussent point la constance ! Hélas ! jeune Hunereau, si vous portez un cœur sensible, je vous plains ; vous n'embrasserez plus votre bienfaiteur : *Toulouse* est mort peu de jours après votre départ.

Département de la Gironde.

Le brave LAFFITE , sergent-major des grenadiers, 1.re division , 30.e demi-brigade , 1.er bataillon, armée de Naples.

LE brave *Laffite*, blessé à l'expédition de Naples, écrit à son père, qui demeure à Thizac, arrondissement de Libourne, canton de Galgon, la lettre suivante, qui mériterait d'être gravée sur le marbre :

De l'hôpital de Capoue, le 5 Germinal an 7.

» Mon Père,

» Je vous écris celle-ci, et ce sera peut-être ma » dernière ; car ma main défaillante peut à peine vous » exprimer mes sentimens.

» Je viens d'être blessé d'un coup de biscaïen qui » me traverse le corps, au flanc droit. J'ai demandé » aux chirurgiens si le coup était dangereux ; ils ne » m'ont répondu que des mots équivoques. J'ai beau- » coup de courage ; je ne sais pas si cela contribuera » à ma guérison. En tout cas, je prends mon parti en » patience. Si je succombe à ma blessure, je ne me » plains pas de mon sort, parce que je l'ai gagnée au » champ de l'honneur, en défendant la chose commune,

» vos propriétés et mon pays. O vous, mes frères, qui
» me survivrez peut-être, souvenez-vous qu'il n'est pas
» de sort plus beau que celui de mourir pour sa patrie !
» et vous, mon père, au lieu de me plaindre, de me
» regretter, soyez glorieux d'avoir un fils qui est mort
» au rang de ceux qui ont combattu avec tant de géné-
» rosité et de privations pour moissonner tant de lau-
» riers, et établir un si grand renom à la grande nation,
» qui fait et qui fera de plus en plus trembler toutes
» les puissances.

 » Adieu ! adieu ! Pardonnez-moi, comme je pardonne
» à tous mes ennemis. Si vous m'eussiez mieux connu,
» vous m'auriez mieux jugé. J'embrasse mon père, ma
» mère, tous mes frères et sœurs, ainsi que tous mes
» parens. O mes frères ! je le répète encore : armez-vous
» de courage, et venez venger la mort de votre frère. »

Signé LAFFITE.

Malheur à ceux qui liront cette lettre sans répandre des larmes, et sans se trouver glorieux d'être Français !

Les généreux conseils de ce héros n'ont pas été perdus : son jeune frère s'est rendu sur-le-champ à Bordeaux, y a pris une feuille de route, et est parti pour l'armée d'Italie.

BONNAC fils, commissaire du Directoire exécutif près le canton de Sauveterre.

Le C.^{en} *Bonnac* a offert, pour l'époque de la paix, la jouissance d'une chambre et de deux hectares de terre labourable, à un militaire blessé du département de la Gironde qui serait dans l'indigence, et que le ministre de la guerre désignerait comme ayant fait quelque acte de valeur.

Le

Le C.^{en} MESURET et le C.^{en} ......, pilotes-lamaneurs de Royan.

Nota. Le Bureau central de Bordeaux, dans la lettre qui transmet les détails de ces actes de dévouement, a oublié d'insérer le nom du second pilote.

Le 22 floréal an 7, à une heure après midi, *l'Aréthuse*, prise américaine, s'affala sur l'écueil de Mont-Revel : à peine l'équipage et les passagers eurent-ils le temps de se jeter dans la chaloupe. La mer était terrible, et cette chaloupe courait elle-même le risque de périr avant d'avoir gagné la terre. Le pilote *Mesuret*, quoiqu'il se trouvât dans sa propre barque engagé dans les passes, et par conséquent dans le plus grand danger, ne songe plus à son retour ; il se dirige sur les naufragés. Après avoir bravé mille fois la mort, il parvient à les joindre, à les aider de ses conseils et de son expérience, à les sauver enfin. En arrivant à terre, ils racontent que le second capitaine est resté à bord, où l'attend une mort inévitable. Le C.^{en} ......, autre pilote de Royan, ne balance pas ; il se jette dans un canot, s'expose aux mêmes dangers que son camarade, arrive au vaisseau, et a le bonheur de ramener à terre cet officier.

Département de l'Hérault.

François CONTRESTI, de la commune de Sérignan.

Le 11 prairial de l'an 7, les ennemis menacèrent les côtes maritimes de ce département.

La générale fut battue ; et l'amour de la patrie appela tous les citoyens, non-seulement des communes maritimes, mais encore ceux des communes de l'intérieur, sur le rivage de la mer ; et là, dignement secondés par la troupe de ligne, leur contenance ferme en imposa à l'ennemi, et ne lui permit pas de tenter une descente.

Dans ce jour mémorable, le C.^{en} François *Contresti*, père de cinq enfans, concierge de la maison commune de Sérignan, se signala par un acte de dévouement et de courage dont l'antiquité n'offre point d'exemple.

Un corsaire mahonnais qui faisait partie des forces de l'ennemi, donnait la chasse à deux bâtimens liguriens qui faisaient voile vers la côte. Le corsaire les suivait de près ; et si l'on tardait long-temps à les secourir, ils devenaient indubitablement sa proie. Dans ce premier moment de désordre, la troupe de ligne se jeta courageusement dans des barques pour voler à leur défense ; mais personne n'était capable de manœuvrer ces barques. Dans l'incertitude où l'on se trouvait, *Contresti* se dévoue ; il se jette à la mer, parcourt à la nage un espace de plus de deux kilomètres, parvient aux deux bâtimens, se saisit des câbles qu'ils avaient filés à la mer, revient à bord en les traînant après lui ; et, malgré la fatigue inséparable d'un semblable trajet, parvient, aidé de quelques autres braves, à remorquer jusqu'à terre ces deux bâtimens, qui échappèrent de la sorte au corsaire.

Charles LONGUELANNES, patron du canal du Midi, de la commune de Béziers.

La barque de ce citoyen était amarrée au port du canal de Béziers. Pendant la nuit, le mousse de garde tombe à l'eau ; c'était celle du 18 au 19 germinal an 7. *Longuelannes*, couché dans sa barque près de sa femme, est réveillé par des cris plaintifs. Il se lève promptement ; il cherche le mousse, l'appelle, et ne doute pas que ce ne soit cet enfant qui se noie. Malgré l'obscurité de la nuit, et le voisinage d'autres barques qui rendait le dévouement plus dangereux, il se jette à l'eau, nage et cherche long-temps, plonge enfin sous la barque, et trouve le malheureux enfant déjà sans connaissance : il réussit enfin à le dégager et à se dégager lui-même de dessous la barque, le remet à bord ; et sans se donner le temps de se sécher ni de se reposer d'une telle fatigue, il lui administre les secours usités en pareil cas ; et a la douce joie de le rendre à la vie.

Département d'Ille-et-Vilaine.

Jean RIVIÈRE, garde-champêtre de la commune de Plelan.

Le 22 nivôse an 7, soixante-douze prisonniers de la marine anglaise furent conduits à Plelan et logés dans l'auberge dite la Grande-Maison.

Vers les sept heures du soir, un de ces prisonniers, capitaine de vaisseau, réussit à s'évader, et l'on ne s'aperçut de sa fuite qu'une demi-heure après.

Jean *Rivière,* revenant de faire les tournées journalières commandées par les devoirs de son emploi, et traversant une lande sur la route de Montfort, à plus de trois kilomètres de Plelan, aperçoit, au clair de la lune, un homme marchant avec précipitation, et lui crie, Qui vive ? — Citoyen. — Quel citoyen ! — Républicain. — C'est ce qu'il faut voir. Arrête. A ces mots il le saisit, et le reconnaît pour étranger : c'était le prisonnier. Cet Anglais, jeune homme robuste, fait des efforts pour s'échapper, mais vainement ; *Rivière,* quoique plus âgé, le retient d'un bras vigoureux. Alors le capitaine lui offre trois guinées, s'il veut le lâcher. Non, dit *Rivière,* je ne veux point de ton or : tu n'es pas Français, ou tu es un émigré ; marche. *Rivière* était mal vêtu ; l'Anglais, au contraire, était très-bien couvert ; il essaie de le séduire d'une autre manière : Changeons d'habit, dit-il. Non, répond le garde, je ne veux point de tes habits ; j'aime mieux faire mon devoir ; marchons. Et, le saisissant au collet, il le conduit de la sorte jusqu'à Plelan, où il est réintégré parmi les autres prisonniers.

René POMMEREUL, Louis LANGELIER, Jean-Charles TRICON, carabinier, Jean LANGÉLIER, Jean TISON, ouvriers de la commune de Fougères.

Le 23 pluviôse an 7, à quatre heures du soir, le tonnerre tombe sur le clocher de la ci-devant église de Saint-Léonard ; un instant après, le feu se manifeste à la lanterne et à l'horloge. Tous les citoyens accourent pour sauver ce bel édifice ; mais son élévation, de plus de cinquante mètres, ne permet pas aux pompes de parvenir jusqu'au foyer ; il faut faire monter les seaux jusque-là par un escalier large à peine de deux tiers de mètre, ensuite par quatre échelles perpendiculaires, et enfin de madrier en madrier. Nos cinq courageux ouvriers se distinguent dans cette opération difficile et dangereuse ; et tandis que d'une main ils versent l'eau sur les flammes, de l'autre, armés de haches, ils travaillent à couper toute communication au feu : et c'est ainsi qu'en moins de deux heures, suspendus, pour ainsi dire, entre la vie et la mort, bravant également et les flammes et la vétusté des poutres sur lesquelles ils marchaient, et l'élévation non moins redoutable où ils se trouvaient placés, ils sont parvenus à garantir ce beau monument d'une entière destruction.

Qui le croirait ! tandis que ces hommes courageux et une foule d'autres encore travaillaient avec tant de dangers à la conservation de cet édifice, le fanatisme, toujours aussi vil dans ses moyens que perfide dans ses propos, répandait parmi le peuple que la chute de la foudre était une *juste* punition du ciel, *offensé* que ce temple servît aux cérémonies républicaines, et que, par *charité* même pour ces ouvriers, il fallait les détourner de continuer un travail qui les mettait en *révolte* contre le Père éternel. Pour cette fois du moins, le ciel, dont les fanatiques parlent si souvent, leur donna un démenti formel ; il se déclara pour la vertu qui se dévoue, et confondit l'imposture qui persécute.

Département de l'Isère.

Louis BAUDOUIN, de la commune de Grenoble.

Dans la nuit du 11 au 12 ventôse an 7, Louis *Baudouin*, avec deux camarades, est appelé pour vider une fosse d'aisance.

Le premier qui descend, saisi par le méphitisme, est asphixié sur-le-champ. Le second, André Morin, vole au secours de son camarade : il est frappé à son tour, et ne reparaît plus.

Ces deux exemples effraient *Baudouin* : incertain, inquiet, troublé, il balance long-temps ; mais enfin l'amitié et l'humanité commandent ; il descend.

C'est en vain ; la vapeur l'atteint ; il remonte. L'air lui rend ses forces, et l'espoir son courage ; il redescend une seconde fois : nouvelle et inutile tentative ; il ne peut vaincre le méphitisme ; il revient et s'évanouit.

Des voisins sont accourus avec du vinaigre, des cordes et du linge. *Baudouin* reprend ses sens, et avec eux sa généreuse audace : il s'imbibe de vinaigre, se fait attacher avec des cordes, redescend une troisième fois, et, plus heureux, ramène le premier de ses camarades.

Alors il paraît vraiment épuisé ; il tombe, mais personne ne se présente pour sauver l'autre infortuné. *Baudouin*, que son dernier succès électrise encore, se relève, et, pour la quatrième fois, tente cette périlleuse aventure. Le ciel devait le triomphe à cette généreuse constance : elle l'obtient, et *Baudouin* sauve le second.

L'art a rendu ses deux camarades à la vie ; et leur salut a été sa première et sa plus douce récompense.

GORGERON, âgé de dix-sept ans, Jean CAPDEVILLE et Augustin PASCAL, conscrits de la commune de Vienne.

Le 6 prairial an 7, *Gorgeron* se présente pour s'enrôler volontairement à l'administration municipale. On lui demande son âge ; il hésite : on découvre qu'il n'a que dix-sept ans. On loue son dévouement, mais, aux termes de la loi, on refuse de l'enrôler.

« Eh bien ! dit-il, si je ne puis charger l'ennemi, je » pourrai du moins battre la charge contre lui à la tête » d'un bataillon. »

En effet, il s'équipe à ses propres frais, se rend sans ordre de route au chef-lieu du département, et part à ses dépens avec la division des conscrits de l'Isère.

Un conscrit offre mille francs à Jean *Capdeville* pour le remplacer. Son propre frère, marié depuis le 23 nivôse an 6, est tombé au sort. Il refuse les mille francs offerts, va trouver son frère, et lui dit : « Reste avec » ta femme ; donne des enfans à la patrie, et moi je vais » la défendre à ta place. » Il est parti.

Un conscrit propose également à Augustin *Pascal* de le remplacer ; il y consent. Une somme considérable lui est présentée pour récompense : « Je n'en ai pas besoin, » répond-il ; donnez-la à ma mère ; elle soutiendra sa » vieillesse pendant mon absence. »

Heureuse la patrie dont les enfans préfèrent les sentimens de la nature à la voix de l'intérêt !

Les CONSCRITS du canton de Voreppe.

La lettre suivante des conscrits de ce canton au commissaire du Pouvoir exécutif, mérite d'être connue :

« Citoyen commissaire, nous venons vous instruire » que tous les conscrits ont témoigné le zèle le plus » honorable pour voler à la défense de la patrie commune :

» pas un seul de nous n'a déserté. Nous oublions nos
» intérêts particuliers, nous supportons l'absence de nos
» parens et de nos amis, pour ne nous occuper que de
» l'instruction militaire, et nous mettre à même de com-
» battre avec succès les ennemis de la patrie. Au reste,
» notre dévouement nous tiendra lieu d'instruction, notre
» courage de tactique ; et avant qu'ils souillent le sol de la
» liberté, il faudra qu'ils nous arrachent la vie, et nos
» corps vous serviront de remparts : nous jurons de
» nous battre avec honneur et courage. O vous ,
» citoyen , qu'un même espoir anime, daignez consoler
» nos parens : assurez-les que nous reviendrons vain-
» queurs ; que si nous étions moissonnés au printemps
» de l'âge, que si nous succombions sous les coups des
» assassins et des esclaves, ce ne serait qu'après en avoir
» vaincu plusieurs. »

Les Spartiates si vantés ont-ils tenu un discours plus
sublime !

Département du Jura.

Les C.ens Joseph CHEVASSU - MIQUI et Claude GROS-GURIN, de la commune de Saint-Claude.

Il est peu d'exemples, dans les annales du monde, d'un
désastre aussi épouvantable que celui dont cette commune
a été la victime le 1.er messidor an 7. Une commune
entière devenue en moins de deux heures la proie des
flammes, est un de ces événemens qui ne s'effacent jamais
de la mémoire des ames sensibles. Un semblable spectacle
est bien fait pour inspirer des actes héroïques ; et quand
un instant a anéanti toutes les richesses de ses citoyens,
il faut au moins leur sauver la plus précieuse de toutes ;
le souvenir des vertus de quelques-uns d'entre eux.

Onze individus de la famille Dumoulin, avantageuse-
ment connue dans le commerce, s'étaient réfugiés dans
une cave, et y luttaient contre les flammes ; deux d'entre

eux avaient déjà perdu connaissance. Leurs cris percent à travers les soupiraux : *Chevassu* les entend, pénètre dans la maison embrasée, descend, à travers les flammes, dans la cave. Il est serrurier de profession, d'une force aussi grande que son ame est généreuse, époux et père tout à la fois ; titres qu'il oublie pour ne se souvenir que de celui d'homme. Il charge d'abord sur ses épaules les deux mourans, les emporte, et les remet en d'autres mains. Il revole à la cave, en sauve deux autres ; et multipliant ainsi successivement ses voyages, réussit à les sauver tous les onze. A peine sortait-il de la cave pour la dernière fois, qu'une tour s'écroule et ferme tous passages.

D'un autre côté, un de ses amis, le C.^{en} *Gros-Gurin*, se précipite dans l'incendie pour sauver la vie au C.^{en} Christin, ex-constituant. Il réussit à l'emporter, mais sans pouvoir lui conserver la vie : il expira un moment après. Plus heureux dans une seconde tentative, il parvint à rendre à la lumière une femme octogénaire que la pesanteur de l'âge allait abandonner aux flammes.

Département de la Loire-Inférieure.

Pierre-Marie et Jean PERREAUD frères, capitaines de barque de la commune de Rédon.

Le 18 pluviôse an 7, ces deux frères embarquent dans un canot onze personnes, femmes ou filles, pour les conduire à la commune d'Asseyrac. Dans la traversée, le canot chavire ; tout est englouti. Les deux marins reviennent les premiers sur l'eau. Sans songer à leur propre salut, ils ne s'occupent qu'à chercher les malheureuses victimes de cet accident : à force de soins, de recherches et de fatigues, sur onze, ils parviennent à en rendre huit à la vie ; il leur fut impossible de retrouver les trois autres.

Michel BERNARD et Jean CALIEAUX, ouvriers de la verrerie de la commune de Couéron.

Un capitaine et deux matelots danois se rendaient, dans leur canot, de leur navire à terre. Le vent était furieux et la mer mauvaise : le canot chavire, et les trois étrangers sont près de périr. *Bernard* et *Calieaux*, qui ne sont point marins, profondément émus du danger que courent ces Danois, se jettent dans une petite yole qu'ils trouvent par hasard sur le rivage, s'exposent aux vagues en courroux, mettent le courage à la place de l'expérience, joignent enfin les malheureux naufragés, les recueillent, et les conduisent à terre.

Département de la Loire.

Les MARINIERS de Roanne.

Le C.^{en} la Raitrie, premier aide-de-camp du général Championnet, commandant en chef l'armée de Rome, apportait au Directoire exécutif la nouvelle de la conquête de Naples.

Il arrive à Roanne. La Loire est gelée, le passage impossible. Le C.^{en} Vignal, commissaire du Pouvoir exécutif, rassemble les mariniers, leur expose le motif du voyage du C.^{en} la Raitrie, et les instruit des brillantes victoires des républicains. A ce récit, ils courent vers le fleuve : malgré la rigueur de la saison et les dangers inséparables de cette manœuvre, ils parviennent à briser la glace dans toute la largeur ; et en moins d'une heure et demie, le passage est entièrement libre.

En vain le C.^{en} la Raitrie leur offre-t-il la juste récompense de leurs travaux et de leurs fatigues ; ils répondent qu'ils se trouvent trop heureux d'avoir concouru à la rapidité du vol de la Renommée, chargée de publier les triomphes de la République.

Michel FARJEULX, de la commune d'Ambierle.

Jean-Marie Sayrol-Perlet, garçon laboureur, conscrit de première classe, de petite taille et de mauvaise santé, tombe au sort. *Farjeulx* est présent. « Tu ferais un mauvais » soldat, lui dit-il ; reste à travailler à la terre ; je vais » partir à ta place. »

La C.^{ne} Tachon, qui le voit dans cette disposition, lui offre alors cinquante pièces d'or pour remplacer son propre fils, qui lui-même est tombé au sort. *Farjeulx* lui répond : « Je partirai bien pour mon ami, et pour le plaisir de servir » la République ; mais je ne veux pas partir pour de » l'argent. »

Il s'est arrêté généreusement à sa première proposition, et il est parti pour l'armée.

Département du Loiret.

RIGOLOT, ingénieur ordinaire du département, de la commune d'Orléans.

Le C.^{en} *Rigolot*, beau-frère du C.^{en} Delpierre, membre du Conseil des Cinq-cents, contracta en l'an 6, sur l'autel de la patrie, l'engagement de consacrer 300 fr. à celui de nos guerriers qui, le premier, aborderait sur le sol de la perfide Angleterre, et de payer annuellement une pareille somme de 300 francs, tant que durerait la guerre, pour l'entretien de l'un de nos défenseurs. Il a été constamment fidèle à cet engagement patriotique ; et cette année, au commencement de germinal, il a déposé, chez le receveur du département, 600 francs pour les frais de la guerre contre l'Autriche.

Département du Lot.

Les C.ens Laurent RAYEUR, Guillaume SALIS, Pierre ROUDANGES, Jean-Pierre RIGOUSTE, François ESTIVAL, Alexis ABEL, Louis FOURGONS, Nicolas LACARRIERE, Marc-Antoine FIRMI, Louis LACARRIERE, François LACAM, François DELMAS, Antoine DELSAU, Jean-Pierre BOULET, Bernard SEGURET, Louis RUCASSIER, Joseph DALQUIER, Jean FAGES, Joseph DELEUSY, Jacques DEBONS, Joseph VAYLAC, Jean SILVAT, François RAYGADE, Jean CHAGUES, Justin DELMAS, Jean-Benoît DELORT; tous de la commune de Figeac.

La commune de Figeac, malgré sa faible population, ne consultant que son inviolable patriotisme, a fourni, depuis le commencement de la guerre quatorze cents défenseurs à la patrie.

Cette année, indépendamment de la conscription, les vingt-six citoyens ci-dessus nommés, que leur âge n'appelait point aux armées aux termes de la loi, se sont présentés spontanément à la municipalité, s'y sont enrôlés volontairement, et sont partis pour combattre les ennemis de la République. Un dévouement aussi recommandable prouve l'excellent esprit public de cette commune, et mérite d'être offert pour exemple.

Département de Maine-et-Loire.

Le C.en LEGER et la C.ne D'ALISART, de la commune de Montreuil-Bellay.

Le 27 pluviôse an 7, un rocher qui domine la maison de *Leger*, avertit, par d'horribles craquemens, qu'il va s'écrouler ; *Leger* appelle ses voisins pour l'aider à sauver ses meubles. La C.^ne *d'Alisart* accourt avec empressement ; elle monte au premier étage, travaille quelque temps ; le rocher s'écroule, et elle se trouve ensevelie sous les débris du bâtiment. *Leger* et son épouse s'élancent comme l'éclair ; et quoique à chaque instant les restes de l'édifice menaçassent de s'abîmer sur leur tête, ils travaillent pendant quelques heures avec tant d'ardeur, qu'ils parviennent à dégager leur bienfaitrice. Dans cette circonstance si honorable pour *Leger* et la C.^ne *d'Alisart*, c'est la reconnaissance pour un dévouement généreux qui inspira la générosité du dévouement.

Département de la Meuse.

Pierre BRUNDSAUX, dragon au 1.er régiment, en garnison à Verdun.

Ce brave militaire se trouve de garde près des fossés des remparts. Il entend quelques personnes pousser des cris d'effroi dans ces fossés ; il y court : ce sont deux femmes poursuivies par une louve furieuse qui menaçait leurs jours. *Brundsaux* met le sabre à la main ; c'est la seule arme qu'il ait alors à sa disposition. Il marche au-devant de l'animal, l'attaque, et, après un combat dangereux, l'étend mort à ses pieds, et délivre ainsi ces deux femmes, qui allaient en être dévorées.

Département de la Meuse-Inférieure.

RABIER et BUART, gendarmes de la brigade de Tongres.

Un scélérat fameux par ses crimes et doué d'une force surnaturelle, désolait ces cantons. Les C.^ens *Rabier* et *Buart* le poursuivent, le découvrent dans la commune de Glans, et l'arrêtent. Le brigand tire un poignard qu'il cachait dans sa manche, l'enfonce dans le ventre de *Rabier*, l'en retire, et fait une blessure non moins dangereuse à *Buart*. Ces deux braves gens, malgré la douleur et le sang qu'ils perdent, ne lâchent point prise. *Rabier*, retenant d'une main ses entrailles qui s'échappent, de l'autre combat le brigand, qui, deux fois terrassé et désarmé par ces deux courageux républicains, et deux fois se relevant plus furieux encore, les couvre de blessures, et tombe enfin expirant et baigné lui-même dans son propre sang.

Les soins des citoyens de Glans sont parvenus à conserver la vie à ces braves gens, qui avaient exposé leurs jours pour les délivrer d'un monstre dont ils étaient victimes depuis long-temps.

***

Les C.ens Vranchen et Aerts, de la commune de Saint-Trond.

Ces deux citoyens, l'un âgé de 18 ans, l'autre de 30 ans, quoi qu'exempts par leur âge de la conscription, se sont engagés l'un et l'autre volontairement, et ont généreusement résisté à des offres pécuniaires qui leur ont été faites pour remplacer d'autres jeunes gens qui étaient tombés au sort.

***

Les C.ens Dehayme, de la commune de Galop ; les frères Clermont, de la commune de Waels ; et Trostorf.

Une colonne mobile était entrée dans la commune de Galop pour faire rentrer les contributions arriérées. *Dehayme*, habitant de cette commune, qui voit que cette mesure de rigueur va jeter dans le désespoir ces pauvres habitans sans tourner au profit de la République, se présente, et paie le montant de ces diverses contributions.

Un si bel exemple est suivi, dans la commune de Waels, par les frères *Clermont*, qui paient une somme de

1500 fr. pour éviter le séjour des militaires aux citoyens indigens ; et dans le même temps , le C.^{en} *Trostorf* dépose chez le receveur une somme de 1000 fr. , dans le cas que les avances des frères *Clermont* ne suffisent pas.

Département du Mont-Blanc.

Trente-deux OUVRIERS ARMURIERS de la première escouade.

Le 22 messidor an 7, ces généreux citoyens ont fait don d'un mois de leur paie, « afin, disent-ils dans leur » adresse à l'administration centrale, que le trésor public » puisse au moins profiter de leurs sueurs. »

Département du Mont-Tonnerre.

Le C.^{en} DUROY , lieutenant au 1.er bataillon de la 1.re demi-brigade d'infanterie légère.

Le 20 pluviôse an 7, vers midi, et par un froid très-vif, le 1.er bataillon de la 1.re demi-brigade d'infanterie légère, venant du blocus d'Ehrenbreistein, passe le Rhin, de Cassel à Mayence, dans différentes barques, le pont de bateaux ayant été replié depuis un mois, à cause des glaces : elles bordaient encore en partie le rivage, et empêchaient les barques d'aborder. Un jeune sergent, impatient, s'élance sur la glace ; son poids, encore accru par l'effort qu'il fait en sautant, la rompt ; elle s'entr'ouvre, et il disparaît à l'instant. *Duroy ,* alarmé du double danger que ce sergent court et par la profondeur du fleuve et par l'imprudence des matelots qui tentent de le repêcher avec leurs crocs, se jette à l'eau, plonge sous la voûte de glace, et, en moins d'une minute, sauve cet infortuné. A peine sont-ils délivrés l'un et l'autre, que l'on s'empresse autour d'eux , et qu'on les conjure de se rendre à l'hôpital militaire pour se sécher et se réchauffer. « Me réchauffer !

» s'écrie le jeune *Duroy* dans le véritable enthousiasme
» d'une belle ame, me réchauffer! j'ai chaud de plaisir. »
Ce mot est du cœur ; il est sublime comme l'action.

Département du Morbihan.

Le jeune DESROCHES , Joseph L'EPINE , de la commune de Lorient, et James VAIL, natif de New-Yorck.

En vendémiaire an 7 , un coup de vent affreux se fait sentir à Lorient. La mer est terrible ; deux enfans y tombent par accident. Le jeune *Desroches* , âgé de quatorze ans, brave le courroux des flots, plonge à plusieurs brasses de profondeur, et sauve la vie à ces deux petits infortunés. A son retour , son instituteur le félicite et lui demande s'il auroit voulu courir les mêmes risques pour une pièce d'or. « Pas pour mille, répond-il avec vivacité ; mais » bien mille fois *gratis* , pour sauver mes semblables. »

Les Anglais capturent , entre Nantes et Lorient, *l'Anima* , petit bâtiment de quatre hommes d'équipage. L'ennemi ne veut que deux prisonniers. Les quatre Français tirent au sort ; il tombe entre autres sur François Bohu , père de famille, et déjà trois fois prisonnier en Angleterre dans le courant de la guerre actuelle. Il s'afflige et ses larmes coulent. « Console-toi , s'écrie » Joseph *l'Epine* , l'un de ses compagnons. Va retrouver » ta femme et tes enfans ; je suis garçon, je vais te remplacer. » Et il s'élance dans la chaloupe des Anglais.

Deux enfans, en se jouant sur un canot dans la rade de Lorient, tombent à la mer, et, après avoir lutté longtemps, s'accrochent au cou l'un de l'autre et coulent bas. James *Vail* , natif de New-Yorck, âgé de dix-sept ans, averti par les cris que l'on pousse au rivage, se jette à l'eau, nage, et plonge à la place où les enfans ont disparu. Il les trouve sans mouvement et se tenant encore embrassés :

il passe sa tête entre eux , les place l'un et l'autre sur ses épaules, et revient avec eux au rivage. On examine ces enfans, et l'on s'accorde à croire qu'ils sont morts. Le jeune *Vail* se rappelle les procédés qu'il a vus employer dans son pays pour rendre les noyés à la vie ; il les essaie. Au bout de trois quarts d'heure ces enfans ouvrent les yeux, et il goûte la douceur de leur avoir deux fois sauvé une vie menacée par le plus terrible des élémens, et par les préjugés des hommes, souvent plus désastreux encore.

Quoique *Vail* soit étranger, nous ne balançons pas à publier cette belle action. Le peuple français honore la vertu dans tous les hommes ; et quel que soit le climat qui ait donné le jour à celui qui signale le sol de la liberté par un trait d'héroïsme, il a des droits à l'estime des républicains.

C'est au C.^{en} Lapotaire, représentant du peuple, membre du Conseil des Anciens, que l'on doit la connaissance de ces trois actes de dévouement.

Département de la Moselle.

Le C.^{en} Jean LUTHE, de la commune de Remling.

Lors de la dernière levée de 200,000 hommes, le C.^{en} *Luthe* a présenté à la municipalité de Volemmster ses deux derniers fils, quoiqu'ils ne fussent pas de l'âge requis par la loi, et s'est offert pour les accompagner lui-même aux armées, dans le cas où ils auraient la faiblesse de déserter et de revenir chez lui sans congé.

Nicolas ROYER, de la commune de Gorze.

Le 11 prairial, jour du départ des conscrits de la deuxième et troisième classe de la commune de Gorze, Nicolas *Royer,* âgé de soixante-trois ans, présenta à l'administration municipale son fils unique, et sa seule ressource

dans

dans sa vieillesse : ce jeune homme s'enrôla volontairement. Le vieillard adressa une exhortation touchante aux jeunes guerriers dont son fils devenait le camarade. Le patriotisme, l'amour de la République, et l'indignation contre ses ennemis, secondèrent, dans ce brave père, l'éloquence de l'âge et de la nature : des larmes sur-tout inondèrent tous les yeux, quand il regretta que l'épuisement de ses forces ravît son bras à la patrie. Enfin il conduisit ces jeunes gens à une lieue de la commune, et ne les quitta qu'après leur avoir fait jurer qu'ils reviendraient vainqueurs.

Après de semblables exemples, la République française n'a rien à envier aux Spartiates.

Département de la Nièvre.

Le C.^{en} BAYON et la C.^{ne} COUMIOT, de la commune de Nevers.

Il semble que les actes de courage et de dévouement inspirent un plus vif intérêt encore quand ils sont le partage de la faiblesse d'un sexe non moins sensible que l'homme, mais naturellement plus timide et bien moins robuste.

Un enfant, nommé Gallois, entre dans le moulin du pont du Ciseau : il sort par la porte de l'empalement du moulin, met imprudemment un bâton dans la roue extérieure qui tournait avec rapidité. Le mouvement casse le bâton avec violence, et jette l'enfant par-dessus la roue au milieu de la rivière, très-rapide et fort profonde à cette place.

Témoin de ce malheur, le C.^{en} *Bayon* se jette dans le tourbillon ; mais embarrassé lui-même par la vélocité du courant, il ne peut joindre l'enfant, et revient désespéré d'avoir exposé sa vie sans sauver cette innocente créature. C'était au mois de frimaire an 7, et la saison était déjà très-rigoureuse.

Cette circonstance n'effraie point la C.^{ne} *Coumiot :*

C

elle relevait de couche ; et sans songer aux ménage-
mens qu'exige son état, connaissant mieux la rivière
que le C.ᵉⁿ *Bayon*, elle se met à l'eau jusqu'à la poitrine, se glisse à la faveur de quelques madriers sub-
mergés en cet endroit, arrive jusqu'à l'enfant, le charge
presque expirant sur ses épaules, et regagne la terre avec
ce fardeau précieux, que les secours de l'art ont rendu à
la vie.

Département du Nord.

Les deux frères TELLIER, de la commune de Dunkerque.

Jean-Louis *Tellier* est conscrit ; il tombe au sort : il se
présente à la municipalité avec son frère Jean-Baptiste-
Pierre *Tellier*, ci-devant sergent-major de la quatrième
compagnie du deuxième bataillon de la treizième demi-
brigade d'infanterie. Celui-ci veut partir pour son frère,
qui refuse d'y consentir. Lutte généreuse entre les deux
frères. « Tu as déjà payé ta dette à la patrie, dit l'un,
» ne me ravis point l'honneur de lui payer la mienne.
» Tu es époux et père, répond l'autre ; tu te dois à ta
» femme et à ton enfant, qui, sans toi, mourraient de
» faim et de misère. Moi, je suis garçon ; j'ai déjà servi
» la République, je lui serai plus utile ; donc je mérite
» la préférence. »

Il l'obtint, et il est parti. Dans le cours de cette
Notice, le département du Calvados offre un trait semblable. Combien d'autres pareils ont été ensevelis peut-
être sous la modestie des chaumières qui en furent les
silencieux témoin.

Département de l'Oise.

École nationale de Liancourt. — Claude GAUZER, élève, âgé de quatorze ans.

Parmi les nombreux avantages des institutions républicaines consacrées à l'instruction publique, il faut surtout placer cette fraternité et cet amour de l'égalité que l'on inspire à la jeunesse : système d'éducation qui l'accoutume de bonne heure à une sorte d'abnégation de soi-même pour n'exister que dans ses frères ; qui développe en elle cette sensibilité profonde toujours prête aux sacrifices les plus pénibles pour ses semblables , et la dispose enfin insensiblement aux vertus éclatantes réservées à l'âge mur, en encourageant les attachemens de l'enfance et les sentimens de la nature , dont la douceur touche de plus près à des cœurs innocens. C'est à des principes aussi purs que l'on doit la belle action que l'on va lire.

Claude *Gauzer* , le 19 pluviôse an 7 , se promène dans le parc avec un de ses jeunes camarades nommé Baillehache. Celui-ci aperçoit un peuplier abattu en travers sur l'un des canaux de ce parc , et veut témérairement traverser , en marchant sur cet arbre, ce canal dont les eaux étaient extrêmement gonflées par les glaces et les neiges qui commençaient à fondre. L'arbre était couvert de verglas , et l'agitation des flots, dont il partageait le mouvement, nuisait encore à sa solidité. *Gauzer* , plus prudent , voit tout le danger de l'entreprise , et emploie toutes les prières possibles pour en détourner son ami. C'est en vain ; l'obstination l'emporte sur la voix de l'amitié et de la raison , et le jeune Baillehache s'aventure sur l'arbre. Déjà il avait fourni les deux tiers de sa carrière et se moquait de la pusillanimité de son camarade , lorsque tout-à-coup le pied venant à lui manquer il tombe précisément à l'endroit où le canal , en se resserrant, se précipite avec impétuosité dans un fossé profond qui le termine.

A ce spectacle effrayant, *Gauzer*, dont la prudence avait si bien calculé le péril de ce passage quand il s'était agi d'en détourner son ami, ne s'en souvient plus pour lui-même lorsqu'il est question de le franchir pour voler à son secours. Il embrasse fortement le tronc de l'arbre entre ses jambes, s'accroche successivement de branche en branche, se traîne de la sorte jusqu'à la place où Baillehache était tombé, se penche, lui saisit fortement la main, le tire, et le conduit à bord, où il jouit du bonheur de l'avoir sauvé en exposant sa propre vie.

Le C.^{en} VACELET, gendarme de la brigade de Mouchy-Humières.

Lorsque la voix de l'humanité impose tout-à-coup silence aux ressentimens particuliers et aux mouvémens de colère que fait naître la résistance que l'on éprouve dans l'exercice d'un devoir, c'est sur-tout alors qu'elle mérite d'être célébrée et d'être offerte en exemple.

Le 16 prairial an 7, les gendarmes de cette brigade conduisaient deux déserteurs. Dans leur route, ils rencontrent un individu qui prend la fuite à leur aspect. Cette conduite éveille leurs soupçons, et quelques-uns d'eux se mettent à le poursuivre : le C.^{en} *Langlet* l'atteint le premier ; mais le fuyard, agile et dispos, en se débattant lui mord le doigt avec violence, le renverse dans un fossé plein d'eau, et s'évade. Le sort de leur camarade irrite de plus en plus les gendarmes ; ils n'en poursuivent cet homme qu'avec plus d'ardeur. Le C.^{en} *Vacelet*, dans cette poursuite, en franchissant une haie, se fait une forte blessure au pied avec son propre sabre ; la perte de son sang ne l'arrête point : enfin il joint le fugitif au moment où ayant perdu la tête, il venait de se précipiter dans un trou profond de quinze pieds, d'où l'on avait tiré de la tourbe, et qui était rempli d'eau : il va périr ; *Vacelet* ne voit plus que le danger que court cet homme ; et malgré la douleur que lui fait éprouver sa blessure, malgré le péril d'une semblable entreprise, il se dépouille de ses habits, plonge dans cet abîme, en retirece malheureux et lui sauve la vie.

Ce fuyard était un homme qui s'était vendu pour remplacer dans la conscription le C.^{en} Pierre-Augustin Boye, cultivateur à Montmagny, canton d'Émile, département de Seine-et-Oise.

André LEFEVRE, âgé de dix ans, de la commune de Charençon.

Cet enfant, le 21 prairial an 7, se trouvant seul dans un bois voisin de sa commune, découvrit un terrier considérable qu'il soupçonna être celui d'une louve. Il avait souvent entendu parler du dégât que font ces sortes d'animaux ; et tout occupé du désir d'en diminuer le nombre, sans considérer le danger auquel il s'exposait, il eut la courageuse imprudence de fourrer la tête la première dans ce terrier, et de descendre ainsi jusqu'à une profondeur de cinq mètres. Dans l'obscurité il sentit un animal, le prit, l'emporta ; c'étoit un louveteau. Encouragé par ce premier succès, il redescendit jusqu'à cinq fois dans le terrier et en rapporta cinq louvetaux, dont quatre étaient vivans. L'administration municipale, en applaudissant publiquement au courage de cet enfant, lui a fait payer la prime accordée par la loi du 10 messidor an 5.

Département de l'Ourte.

ROUSSEAU père, de la commune de Fraiture.

Ce brave père a deux fils : l'aîné est de l'âge de la conscription ; le second est plus jeune.

L'aîné, Nicolas Rousseau, a connaissance de la loi du 3 vendémiaire, et part dans le courant de frimaire à l'insçu de son père, qui, désespéré de ce départ, le tient cependant secret.

C 3

La convocation des conscrits se fait. Le père conduit son jeune fils à l'administration, le fait inscrire sous le nom de son aîné, et partir avec ses camarades. L'administration ne s'aperçoit pas de cet échange.

Quelque temps après, elle reçoit le certificat d'activité de service de l'aîné. Il est antérieur à la date du départ des conscrits : il est évident pour elle alors que tandis qu'elle ne croit qu'un seul *Rousseau* aux armées, il s'en trouve deux ; elle mande le père pour éclaircir ce mystère.

Il avoue que son fils aîné s'étant enrôlé sans qu'il le sût, et qu'ayant présumé qu'il ne s'était éloigné que pour se soustraire à la loi, il n'avait pas voulu qu'une pareille honte fût imputée à sa famille, et qu'il avait mieux aimé faire le sacrifice du second que d'être soupçonné qu'un de ses fils eût manqué à la patrie.

Guillaume PETERS, de la commune de Verviers.

Le fils de *Guillaume Peters* et un de ses camarades désertent de Paris où ils se trouvaient en garnison, et retournent à Verviers.

Le vieillard leur reproche vivement leur ingratitude envers la patrie, les fait rougir de leur faute, les conduit lui-même à la municipalité, obtient pour eux une nouvelle feuille de route, et dès le lendemain les fait partir pour rejoindre leurs drapeaux.

Département du Pas-de-Calais.

Jean-Baptiste LEFRANC, âgé de vingt-un ans, Liévin RINAUDIN, âgé de dix-huit ans, de la commune d'Hesdin, et Philippe LACOUTURE, de la commune d'Arras.

Une femme de soixante-huit ans puise de l'eau dans la rivière de Cauche, au-dessous du pont des Moulins, le 18 pluviôse an 7 ; elle tombe, et l'eau très-rapide l'emporte. *Lefranc* et *Rinaudin* accourent aux cris des témoins de cet accident. Le froid était excessif : n'importe ! ils se jettent à l'eau, et après avoir, avec des peines infinies, nagé plus de soixante mètres, ils rejoignent cette infortunée et la conduisent à bord. Elle était sans connoissanse. Ses libérateurs la portèrent à l'hospice civil, où on l'a rappelée à la vie.

Le 6 nivôse an 7, un enfant de quinze ans tire de l'eau au puits de la Harpe, rue de l'Union, à Arras : le seau trop pesant lui échappe, et la corde l'entraîne ; il tombe. Les voisins effrayés appellent au secours : Philippe *Lacouture*, militaire retiré du service et couvert de blessures, père d'une nombreuse famille, passe chargé d'un sac de charbon de terre : il entend les cris, apprend ce qui les cause, jette son sac, saisit la corde du puits, s'en sert pour y descendre au risque de s'y noyer lui-même, trouve l'enfant qui respirait encore, et le sauve.

Augustin DIEPPE, attaché à l'armée d'Italie.

Le C.^{en} *Dieppe*, en traversant les Alpes, entend des cris lugubres sortir d'une forêt voisine. Une jeune fille, liée à un arbre, éprouvait les derniers outrages de deux brigands : il s'élance sur eux le sabre à la main ; le combat s'engage ; les brigands se défendent à coups de pistolet ; les balles percent les vêtemens du brave jeune homme : son courage s'en irrite ; il parvient enfin à mettre en fuite ces scélérats. Il détache ensuite la victime de leur fureur, et l'escorte jusque chez son père, entre les bras duquel il la dépose.

Département du Bas-Rhin.

Les Citoyens de la commune d'Erstein.

Le 9 et le 10 germinal de l'an 7, des défenseurs de la patrie blessés la plupart grièvement, arrivèrent dans la commune d'Erstein sans qu'aucun ordre préalable eût annoncé leur passage et disposé leur logement.

Les citoyens d'Erstein se réunirent, furent au-devant de ces braves guerriers, se les partagèrent, les conduisirent dans leurs maisons, et se disputèrent l'honneur de se surpasser dans les secours qu'ils leur prodiguèrent.

Sur l'invitation de la municipalité, les enfans de la commune se rassemblèrent dans l'école primaire, et furent employés plusieurs jours à faire de la charpie avec le linge que les citoyens fournirent. Quatre officiers de santé de la commune parcoururent toutes les maisons, et portèrent gratuitement les secours de leur art à nos braves frères d'armes.

Ces nobles soins de l'humanité reconnaissante envers les héros de la patrie, se sont prolongés pendant six jours.

L'épouse du C.^{en} Kapf, commissaire du Directoire exécutif près l'administration municipale d'Erstein, s'est sur-tout distinguée ; sa maison riveraine du quai où débarquaient les blessés, leur a servi constamment d'hospice provisoire : empressement, veilles, fatigues, secours de tout genre en remèdes, en alimens, en argent, rien ne lui a coûté ; et dans cette occasion, elle s'est montrée la digne compagne d'un fonctionnaire républicain.

Département du Haut-Rhin.

Jean SOMMER, anabaptiste, de la commune de Valdieu, et François-Joseph CHRISTEN, agent municipal de la commune de Balschwiller.

La rivière qui traverse la route de Balscswiller à Uberkinen était extrêmement gonflée par la fonte des neiges et des glaces. Le 28 pluviôse, à midi, deux voitures se présentent pour la traverser : la première, grâce à la vigueur des chevaux, franchit le passage ; la seconde, plus mal attelée, cède à la force du torrent, est emportée dans un précipice, et verse. Sur cette dernière se trouvaient trois enfans qui revenaient de l'école, et qui y étaient montés pour retourner chez leurs parens; ils disparaissent dans l'abîme avec le conducteur. *Sommer,* âgé de vingt-trois ans, qui guidait la première voiture, ne peut voir cet affreux accident sans en être vivement touché : il ne balance pas, s'élance dans la rivière, plonge dans le précipice, trouve un des enfans, et le sauve. Cela ne lui suffit pas ; il reste encore trois victimes, il veut les arracher à la mort : il plonge une seconde fois, saisit un autre enfant ; mais au moment où il s'élève au-dessus de la superficie de l'eau, une glace énorme menace en roulant de lui briser la tête. Que fait-il ! il plonge de nouveau, tenant toujours l'enfant fortement serré contre son sein, et laisse au glaçon le temps de passer. On frémit, on les croit perdus l'un et l'autre ; mais il reparaît après le passage de la glace, et conduit à terre le cher et nouveau fardeau dont il est chargé. Alors, épuisé de fatigue, il demande du vin, reprend haleine un moment, et replonge une troisième fois pour trouver les deux derniers infortunés : cette fois, moins heureux, sa recherche est vaine, et leurs traces sont perdues. Dans cet intervalle, des glaces nouvelles arrivent, s'arrêtent par un léger obstacle, et s'amoncellent à la place même où le généreux *Sommer* a plongé ; on juge qu'il lui est impossible alors de se sauver lui-même, et tout le rivage retentit de cris et de gémissemens. Dans ce moment, le C.ᵉⁿ *Christen,* digne magistrat républicain, aime mieux périr lui-même que d'être témoin de la perte d'un aussi brave jeune homme. Il se fait attacher une corde sous les bras, se jette dans l'eau, parvient, en réunissant toutes ses forces, à séparer les glaçons et à les faire écouler, sonde adroitement avec une perche : *Sommer* la saisit heureusement ; et *Christen* a la douceur de sauver la vie à celui qui avait exposé la sienne trois fois pour sauver celle de ses semblables.

Département de la Seine.

Les frères CONDAMINA, de la commune de Paris.

Peu d'hommes doivent tenir une place plus distin-guée dans la reconnaissance nationale, que les frères *Condamina*, mariniers, tenant le passage du port Landry, à la Grève, commune de Paris.

Si une belle action suffit pour illustrer la vie d'un homme, quel sera donc le rang que la gloire doit assi-gner aux C.^{ens} *Condamina !*

Le 3 frimaire an 7, des mariniers firent une fausse manœuvre auprès de la Grève ; ils allaient périr, et l'un d'eux était déjà dans l'eau. Les braves et généreux *Condamina* volèrent à leur secours, les arrachèrent à une mort certaine, et conduisirent à bord ces infortunés, leur barque et leurs marchandises.

On voulut dresser procès-verbal de cette action courageuse ; ils s'y opposèrent : *Il nous suffit,* dirent-ils, *d'avoir pu leur être utile.*

Telle est leur modestie, que l'on serait presque tenté de la leur reprocher, si elle n'était pas elle-même la con-séquence ordinaire de la vertu, puisqu'elle n'a jamais souffert que l'on recueillît les détails des dangers qu'ils ont tant de fois courus pour sauver la vie à leurs sem-blables.

C'est donc au témoignage de leurs voisins et de leurs confrères, et à la reconnaissance verbale de tant d'hommes qu'ils ont sauvés des flots, que l'on doit de savoir que depuis trente ans il ne s'est point passé d'années qu'ils n'aient marquées par quelques actes semblables de dévoue-ment.

En l'an 4, ils ont sauvé deux hommes que le cou-rant entraînait sous les moulins du pont au Change.

En l'an 5, ils sauvèrent trois chevaux que la force de l'eau avait éloignés de l'abreuvoir de l'île de la

Fraternité ; et ces trois chevaux appartenaient à un voiturier avec lequel ils étaient brouillés.

Dans le grand hiver de l'an 3 , ils sauvèrent deux hommes ensevelis sous les glaçons ; et l'un des *Condamina* resta lui-même assez long-temps engagé sous les glaces.

En 1786 *(v. st.)* , ils ont sauvé la vie à deux personnes.

En 1787 , il ont rendu un enfant qui se noyait , à sa mère éplorée.

En 1788 , dès quatre heures du matin , comme s'il était donné à l'active et courageuse bienfaisance de ne pas connaître le sommeil , dès quatre heures du matin ils ravirent une femme à la mort , auprès des bains chinois.

En l'an 6 , au péril de leur vie , ils ont sauvé trois ouvriers de la manufacture de l'affinage qui , un instant plus tard , allaient se trouver engloutis sous la pompe.

Plusieurs fois ils ont sauvé du naufrage les moulins à farine voisins des ponts.

Des chefs d'ateliers , des négocians , des propriétaires de barque , des maîtres de chantiers , se sont réunis pour attester qu'ils leur avaient dû , nombre de fois , la conservation de trains de bois et de tonnes , de bateaux ou chargés ou à vide , que de mauvaises manœuvres allaient faire périr ; et deux d'entre eux ont déclaré de plus qu'ils leur devaient la vie.

Enfin , la mémoire des vieillards s'est reportée à une époque reculée de plus de trente ans , pour affirmer que , dans sa jeunesse , Baptiste *Condamina* se précipita dans l'eau pour sauver une femme qui périssait.

Quoique, dans cette immensité de belles actions, il n'y en ait qu'une qui appartienne à l'an 7 , on a cru devoir les réunir en masse sous un seul point de vue. Les frères *Condamina* ne comptent pas leurs dévouemens par années , mais par leurs jours ; et pour achever de peindre ces véritables grands hommes , il suffira de dire que jamais ni l'autorité , ni la reconnaissance , ne purent leur faire accepter la plus légère récompense.

Les C.ens DEMONCIN, RAYNAL et DOMMAGE, grenadiers à cheval de la garde du Directoire, et le C.en OURIEZ, grenadier de la 20.e de ligne.

Le 14 brumaire an 7, un incendie violent se manifesta à une partie de bâtiment attenant au temple des Victoires. Le généreux dévouement des militaires et d'une foule de citoyens sauva ce beau monument d'une destruction totale. Certes, une quantité de belles actions se sont ensevelies dans l'oubli par la modestie de leurs auteurs. Voici celles que la reconnaissance a publiées :

Un citoyen, voisin de ce temple, a dû la conservation de son mobilier et de sa fortune aux soins et au courage du C.en *Demoncin*, maréchal-des-logis de la 1.re compagnie des grenadiers à cheval.

La C.ne Bacher allait périr dans les flammes, le C.en *Raynal*, grenadier de la 1.re compagnie à cheval, l'a sauvée au péril de sa vie.

Le C.en *Dommage* trouve une bourse d'argent ; personne ne la réclamait : il n'eut point de repos qu'il n'en eût découvert le propriétaire. Il y réussit : c'était le C.en Ambroise ; il s'empressa de la lui reporter.

Une citoyenne âgée de soixante-dix-neuf ans allait périr à un troisième étage où le feu était déjà parvenu. Le C.en *Ouriez* y vole ; il la trouve évanouie ; la prend entre ses bras, l'emporte à travers deux pièces déjà embrasées, et la remet en sûreté chez ses voisins. Dans la précipitation, une montre est le seul des effets de cette infortunée qu'il peut sauver. Le lendemain il la lui reporte, en lui disant : *Que ne suis-je assez heureux pour vous dédommager également de la perte que vous venez d'éprouver !*

André LOCQUET, âgé de huit ans.

La misère entraînait au tombeau la mère de cet enfant. Il avait entendu plusieurs fois faire l'éloge de ses cheveux. Il croit entrevoir dans cet ornement de la nature, une ressource pour arracher sa mère à la mort : il court chez un perruquier, reçoit 12 francs de sa chevelure, et les apporte à sa mère. *Maman, lui dit-il, je viens de vendre mes cheveux ; je n'ai pu trouver que ce moyen pour te soulager : tu auras le nécessaire pendant quelque temps, et Dieu peut-être ne nous abandonnera pas toujours.*

La malheureuse mère presse contre son sein cet enfant, dont l'innocente et généreuse bienfaisance est si touchante, l'inonde de ses larmes, le comble de bénédictions, et meurt.

Jean-Marie-Bernard VENTECLAY, pêcheur, et Jean-Louis BOUDIN, marchand de vin, du canton de Passy.

Le 15 pluviôse an 7, entre huit et neuf heures du matin, le débordement de la Seine était parvenu à sa plus grande crue. Les eaux environnaient la maison du C.^{en} Pothier, domicilié à Paris, située près du pont de Sèvres ; elles occupaient tout le rez-de-chaussée, et couvraient le jardin. Il ne s'y trouvait que Marie Follet, femme d'Engerrant, jardinier, avec deux enfans, l'un de dix ans et l'autre de sept ans : la maison s'écroulait ; et cette malheureuse mère était dans l'affreuse alternative d'être engloutie dans les eaux avec ses enfans, ou ensevelie sous les décombres du bâtiment.

Avertis par ses cris, *Venteclay* et *Boudin* se jettent dans un bateau ; mais des murs et des arbres les empêchent d'aborder à la maison. *Venteclay* ne balance pas ; il se met à l'eau jusqu'à la ceinture, gagne le bâtiment, et le premier objet qu'il rencontre est les plus jeune des

enfans, qui refuse d'être sauvé avant sa mère. A force
d'instances, il le décide à se confier à lui, et le porte
au bateau gardé par *Boudin* : il retourne une seconde
fois et sauve l'autre enfant : enfin il revient pour la troisième fois à la maison, prend la mère sur ses épaules,
l'emporte, la met à son tour dans le bateau, et arrache
cette infortunée et ses deux enfans à une mort certaine.

Le C.^{en} BASSET, de la commune de Choisy-sur-Seine.

Le 18 nivôse an 7, Charle Petit, de Thiais, âgé de
trente-huit ans, et Antoine Passerot, âgé de vingt-un ans,
de la commune de Choisy, travailloient sur la rivière à
casser les glaces ; ils glissent malheureusement et tombent
dans l'eau. Le C.^{en} *Basset* brave aussitôt la rigueur extrême
du froid, et plonge lui-même sous la glace : il saisit l'un
de ces infortunés par le bras, et l'autre s'attache fortement à une de ses jambes : dans cette situation il ne lui
reste qu'un bras et une jambe pour s'aider lui-même,
et il s'en sert avec tant de force et de courage, qu'il
arrache à une mort certaine ces deux hommes.

Département de la Seine-Inférieure.

Thomas MARTIN, fabricant de la commune de Dernetal.

Le 6 germinal an 7, le feu prend dans une armoire
de la maison du C.^{en} Adrien Rioux, fabricant de la
même commune : il était tranquillement au rez - de-
chaussée avec le C.^{en} *Martin* son ami, et le feu avait
déjà fait beaucoup de progrès, lorsque des voisins s'en
aperçurent par dehors et en avertirent. De prompts
secours arrivèrent, et *Martin* courut le premier à la
chambre d'où l'incendie s'était déjà fait jour par les fenêtres.
Il enfonce la porte, et dans l'instant un tourbillon de flamme
et de fumée l'enveloppe. Tout était en feu dans cette

chambre, meubles, poutres, boiseries : il allait s'éloigner, lorsque le spectacle le plus effrayant le retient malgré lui, et le décide à pénétrer dans cette fournaise ; il aperçoit l'enfant de son ami couché dans son berceau, auquel le bas de l'armoire où le feu avait pris servait d'alcove. Il s'élance à travers les flammes, dont l'activité s'attache à ses cheveux, ses sourcils, ses habits, et pense lui couper la respiration ; il triomphe de tous les obstacles, même de la douleur, joint l'enfant dont les couvertures brûlaient déjà, le saisit, a le bonheur de s'échapper avec son précieux fardeau, et vole le remettre entre les bras de son père.

Les C.^{ens} GAQUEREL père et mère, de la commune de Cany.

Pierre Gaquerel leur fils, chasseur à cheval dans le 16.e régiment, déserte de Bréda, et arrive chez ses parens dans la nuit du 24 germinal an 7 : ils l'embrassent avec empressement ; mais soudain ils apprennent qu'il n'a point de congé, et leur joie se change en ressentiment. Ils peignent avec tant de force à ce jeune homme la honte dont il s'est couvert, et la flétrissure qu'il vient d'imprimer à leurs cheveux blancs, que, sincèrement repentant de sa faute, il leur jure de retourner au poste qu'un moment d'erreur lui fit abandonner. Le jour venu, ils le conduisent à l'administration municipale, et demandent pour lui une feuille de route qu'elle se hâte d'accorder au civisme des parens, et au repentir sincère du jeune homme.

Les frères LECHEVALIER, capitaines de navire au Havre.

Le 24 prairial an 7, un enfant tombe à la mer dans le bassin neuf du Havre, entre deux navires légers, dégréés et sans lest. Le temps était frais, la mer grosse, et les deux navires roulaient; circonstances alarmantes pour ceux qui auraient pu tenter de sauver l'enfant.

Parmi la foule nombreuse qui bordait le quai, personne n'ose tenter l'aventure, et l'enfant allait périr.

Les frères *Lechevalier,* qui se trouvaient alors à bord de leur propre vaisseau mouillé dans le bassin, avertis par les cris, ne balancent pas, se précipitent dans la mer tout habillés, et, au risque d'être écrasés entre les deux navires, plongent dans leurs eaux, trouvent l'enfant, lui passent une manœuvre sous les bras, et parviennent enfin à le ramener à terre, où les secours de l'art l'ont rappelé à la vie.

Louis FAUSSET, grenadier au 3.e bataillon de la 7.e demi-brigade.

Fausset traverse avec sa compagnie la commune d'Eu pour se rendre à Amiens. Le tonnerre venait d'embraser le clocher d'un temple de cette commune. Le brave grenadier escalade le clocher, en arrache toutes les parties embrasées, et parvient à arrêter l'incendie dont les progrès menaçaient la commune entière. De glorieuses blessures sont le témoignage non équivoque des dangers qu'il a bravés. Il eut, dans cette expédition, un bras fracassé, et le côté gauche entièrement brûlé.

Département de Seine-et-Marne.

Jean-Louis GASCOIN, âgé de quinze ans, de la commune de Moret, frère d'un défenseur de la patrie rentré dans ses foyers couvert d'honorables blessures.

Le jeune *Gascoin,* le 23 nivôse an 7, patinait sur la rivière; un chien furieux vient l'attaquer : il s'en débarrasse. L'instant d'après, il se rappelle que la veille cinq personnes d'une commune voisine ont été grièvement blessées par un chien enragé ; il suppose que ce peut être le même. Sans consulter ses forces, et n'écoutant que le desir de délivrer le canton de ce dangereux animal, il retourne sur le chien, et l'attaque lui-même à son tour. Alors le combat commence ; il devient terrible entre cet enfant et le chien vigoureux : enfin, il le saisit par le cou, le terrasse, et lui appuie fortement le genou sur la poitrine. Aux cris d'un de ses jeunes camarades, son père accourt avec une pique ; l'enfant saisit cette arme, et parvient à arracher la vie à son dangereux ennemi.

Présence d'esprit, courage, adresse, humanité et dévouement généreux, se rencontrent dans cette action d'un enfant de quinze ans.

Département de Seine-et-Oise.

Le Tort, gendarme.

Le 21 ventôse, le C.en *le Tort*, gendarme, et un de ses camarades, conduisent cinq forçats à la chaîne ; en traversant la forêt de Rosny, ils se révoltent, brisent leurs fers, et s'enfoncent dans la forêt. *Le Tort* les poursuit ; ils s'étaient dispersés, pour échapper plus facilement. Il en arrête un, qui s'écrie : *A moi, mes amis ! il faut l'égorger.* *Le Tort* met le sabre à la main, fend d'abord la tête à celui-ci ; marche ensuite sur les autres, qui revenaient aux cris de leur camarade, mais à des distances inégales ; les sabre tour-à-tour, et en met quatre de la sorte hors de combat. *Le Tort* parvint ainsi, aidé de son confrère, à remettre aux fers et à conduire quatre de ces scélérats : le cinquième avait disparu totalement, et s'était échappé à leurs recherches.

D

Jean-André JEAN et François MOISY, de la commune de Meulan.

Le 12 ventôse, des citoyens de Meulan vont pêcher dans des marais qui, plus bas que le niveau de la Seine, conservent l'eau des débordemens long-temps encore après que la rivière est rentrée dans son lit. Le C.ᵉⁿ Baudu, monté sur un cheval à poil, dirigeait le filet ; le cheval s'enfonce dans la vase, se cabre, et renverse le cavalier. Baudu ne perd point courage, suit le cheval à la nage, le rattrape et remonte. L'animal s'effraie encore, renverse une seconde fois Baudu, qui, à ce coup, se trouble, appelle au secours, et disparaît sous les eaux. *Moisy*, garçon pêcheur, se jette sur-le-champ à la nage, plonge, trouve Baudu, le ramène sur l'eau sans connaissance, le conduit long-temps ; mais enfin, cédant à sa propre fatigue, il est forcé de l'abandonner.

Jean, désespéré du peu de succès de son camarade, prend un cordeau entre ses dents, et confie l'autre bout aux spectateurs, en leur recommandant de le tirer à eux quand ils l'apercevront reparaître sur l'eau. Muni de la sorte, il part, nage, arrive à la place où est Baudu, plonge, le trouve, l'amène sur l'eau. La manœuvre s'exécute, on tire le cordeau, et l'un et l'autre arrivent à bord, la victime sans connaissance, et le libérateur la bouche en sang, la moitié des dents arrachées, et le visage excorié par l'action du cordeau, mais ne s'occupant que des secours à donner à Baudu, qu'il a le bonheur enfin de voir ouvrir les yeux à la lumière, après quelques heures d'inquiétude et de soins.

Département des Deux-Sèvres.

Le C.^{en} PUCHAUD, brigadier de la gendarmerie de la commune d'Airvault.

Pendant la célébration de la fête de la Vieillesse de l'an 7, deux vieillards qui faisaient partie des douze qui siégeaient à cette solennité, ont, les larmes aux yeux, offert aux bénédictions publiques le C.^{en} *Puchaud*, à qui l'un et l'autre doivent les secours compatissans qui soutiennent leurs derniers jours.

L'un est son père, l'autre son oncle. Il n'a point attendu qu'ils réclamassent sa piété filiale : il ignorait leur retraite ; il n'a point goûté de repos qu'il ne l'ait découverte. Il a trouvé l'un, et c'est son père, réfugié dans le département de la Charente-Inférieure, après avoir vu massacrer sa femme et un de ses fils par les rebelles de la Vendée ; et l'autre, c'est son oncle, abandonné sur les ruines encore fumantes de Bressuire : l'un a soixante-douze et l'autre soixante-onze ans. Il les a conduits chez lui, où ils n'existent que de ses bienfaits.

Département de la Somme.

Louis DARDE, militaire de la 8.e compagnie du 3.e bataillon de la 16.e demi-brigade, stationné à Montreuil-sur-Mer.

Le noble attachement à ses devoirs inspire aussi de généreux dévouemens. Louis *Darde* est chargé de dépêches pour Étaples; c'était au mois de pluviôse an 7 : plusieurs torrens avaient rompu la chaussée, et personne jusque-là n'avait osé les franchir. Depuis sept heures du matin jusqu'à quatre heures d'après-midi, *Darde* lutta avec courage contre ces obstacles : il se hasarda à les traverser tous à pied, fut vingt fois entraîné par les courans, et souvent englouti sous les eaux; il y perdit sa montre et son chapeau. Enfin, arrivé à la porte de Montreuil, il allait s'exposer à traverser un courant plus dangereux encore pour revenir à son poste, lorsque les vives sollicitations et même les menaces des citoyens le déterminèrent à ne le pas tenter. Il n'y céda que parce qu'il s'était acquitté de la mission dont il avait été chargé, et qu'alors il ne s'agissait que de son exactitude à rejoindre son corps.

Département du Tarn.

Second détachement des conscrits de ce département, conduit par le C.^{en} LASALLESSE.

Ce second détachement se rend à l'armée d'Italie ; il passe à Saint-Maximin, département du Var. Le soir, à six heures, on apprend que dix-neuf brigands viennent d'assassiner, à une lieue de là, l'agent municipal de la commune d'Ollières. La garde nationale prend les armes.

Les conscrits du Tarn, malgré la fatigue d'une longue route, quittent leur repas ; et sans en être requis, se présentent, avec leur capitaine, pour accompagner leurs frères de Saint-Maximin dans la chasse à donner aux brigands. Leur secours est accepté avec reconnaissance, ils passent la nuit à parcourir avec eux la forêt, repaire des scélérats ; et le lendemain, quand leur service cesse d'être nécessaire, ils continuent leur route sans avoir pris aucun repos.

Département du Var.

LES CAPITAINES des bâtimens du cabotage de la commune de Saint-Tropez.

Touchés de la misère dans laquelle se trouvent plusieurs familles de marins de cette commune, par l'absence de leurs chefs employés à l'expédition d'Égypte, ces généreux capitaines ont pris, au mois de germinal dernier, l'engagement de déposer, à chaque voyage, les deux pour cent de leurs bénéfices, afin de les employer au soulagement des familles peu aisées des marins en activité de service.

Quatre cents CONSCRITS du département de l'Aude.

Dans la nuit du 9 au 10 frimaire an 7, on signala quatre vaisseaux ennemis dans les parages de Cannes. La générale fut battue et tous les habitans se portèrent sur le rivage. Quatre cents conscrits du département de l'Aude, en route pour l'armée d'Italie, passaient par cette commune et se reposaient après une journée de 4 myriamètres d'un chemin extrêmement dégradé et pénible : ils quittent leur lit avec empressement, volent au port, et par l'organe de leurs officiers s'adressent à la municipalité. « C'est nous, disent-ils, que la loi appelle aux combats; » c'est à nous à en courir les dangers. Donnez-nous des » armes; et si l'ennemi ose souiller de sa présence le sol » de la liberté, accordez-nous l'honneur qui nous est dû » de marcher à votre tête, pour y recevoir et y donner les » premiers coups ». L'administration municipale, reconnaissante de cet honorable dévouement, les arma ; et la contenance ferme de ces braves défenseurs de la patrie força les quatre vaisseaux ennemis à reprendre le large. Ces dignes jeunes gens ne se retirèrent que lorsqu'ils eurent entièrement disparu, et continuèrent leur route pour Nice, après avoir été serrés dans les bras reconnaissans de tous les citoyens, et aux accens guerriers de l'hymne cher aux républicains.

Département de la Vendée.

Les C.^{nes} Rose RENAUDINEAU, Victoire BONNAVE, Emilie CAROLEAU, de la commune de Chalans, et la C.^{ne} LEGEAY, de la commune de Beauvoir : la plus âgée des quatre n'a que dix-sept ans.

François Morineau, défenseur de la patrie, couvert de blessures et porteur d'un congé absolu, revient de l'armée d'Italie à Chalans, où demeure son père. Il n'a plus qu'une lieue à faire : il arrive au gué de la rivière ; elle est gelée, et son cheval ne veut pas passer sur la glace. Il met pied à terre, passe sur la chaussée, tenant son cheval par la bride, qu'il croit déterminer de la sorte à traverser le gué. L'animal effrayé met les deux pieds de devant sur la chaussée pour s'y élancer ; mais il marche sur le manteau du militaire, qu'il renverse dans la rivière, et dont la chute brise la glace sous laquelle il tombe. Les quatre jeunes citoyennes accourent : comme elles ont peu de force, elles se prennent toutes quatre par la main ; et la C.^{ne} *Renaudineau,* comme la plus grande, descend dans l'eau, prend le guerrier par le bras : toutes quatre faisant ainsi la chaîne, elles le tirent sur le rivage. Le froid et la douleur occasionnée par ses blessures l'avaient fait évanouir ; elles parvinrent à le placer sur son cheval, et le conduisirent à une ferme voisine où on lui prodigua tous les secours dont il avait besoin.

Département de l'Yonne.

Michel PATÉ, garde forestier de la commune d'Arces.

Un loup furieux et enragé ravageait depuis long-temps ces cantons ; plusieurs personnes avaient déjà péri sous ses dents meurtrières ou des suites de ses morsures. Michel *Paté* est surpris dans la forêt par ce féroce animal ; son fusil à deux coups n'est chargé que de plomb à lièvre. Il l'attend à quinze pas, lui tire un premier coup de fusil; l'animal tombe, mais l'instant d'après se relève plus furieux. *Paté* conserve sa présence d'esprit, et quand l'animal est à six pas de lui, il lui tire son second coup de fusil, l'étend mort à ses pieds; et, servi par son sang-froid autant que par son courage, délivre ainsi ses concitoyens de ce redoutable fléau.

D 4

SUPPLÉMENT.

Département de Maine-et-Loire.

GENDARMES et CONSCRITS de ce département.

Le 11 thermidor dernier, dix gendarmes conduisant quatre conscrits déserteurs, furent assaillis à Suet, département de Maine-et-Loire, par une bande de près de cent chouans qui commencèrent par faire feu sur eux ; trois gendarmes tombèrent morts, et leurs corps furent horriblement mutilés.

Les autres gendarmes et les quatre conscrits entrent dans une maison et s'y retranchent. Ils répondent à la sommation qui leur est faite de se rendre, *qu'ils se défendront jusqu'à la mort.* Ayant épuisé leurs cartouches, ils enlèvent les pavés de la chambre où ils sont enfermés, et s'en font des armes contre leurs assassins. Ceux-ci, furieux, allaient réaliser leur menace d'incendier la maison, lorsqu'une colonne mobile paraît, les attaque et les disperse après en avoir tué quinze. Le premier usage que les gendarmes, assiégés depuis trois heures, firent de leur liberté, fut de se joindre aux républicains pour se mettre à la poursuite des brigands.

ARMÉE D'ITALIE.

Le 12 floréal, l'armée d'Italie quitta la rive droite du Tessin, pour se retirer vers Turin.

Le 13 au matin, au moment où la division du général Grenier allait se mettre en mouvement pour suivre celle du général Victor, qui venait de passer la Sesia sur le pont de bateaux établi à Verceille, ce pont fut rompu par la crue des eaux. Tout moyen de le rétablir dans le jour manquait, et l'eau augmentait sans cesse. Le gué qui est à environ quatre cents toises au-dessus du pont, fut reconnu :

l'infanterie pouvait encore le pratiquer ; on y marcha, Les hommes d'une taille ordinaire avaient de l'eau jusqu'à la poitrine ; et si ce passage difficile s'exécuta sans accident, on le dut au dévouement et au zèle infatigable de plusieurs braves militaires, qui restèrent constamment dans la rivière, pour sauver à la nage ceux de leurs camarades qui étaient entraînés par la rapidité du courant.

Ceux qui se sont particulièrement distingués sont :

BELLEVUE , sergent de carabiniers.......
CABAGNE , chasseur.. } 17.ᵉ demi-brigade infanterie légère.

MARTINOT , caporal..
VEZÉ , *idem*........
MEDROT , grenadier... } 24.ᵉ demi-brigade infanterie de ligne.
DUCHAT , *idem*......
MICHEL , fusilier.....

Le général de division chef de l'état-major général,
Signé DESSOLLE.

Pour copie conforme , *signé* MEUNIER.

BREST , 14 Fructidor an VI.

L'ordonnateur fait part que le nommé Jean-Claude *Potard*, militaire, condamné aux fers, sous le n.° 40412 au bagne, étant de service sur un ponton, s'est jeté à la mer pour sauver un dragueur qui était tombé à l'eau par l'effet de la cuiller d'une machine à curer, et il y est heureusement parvenu.

BORDEAUX , 12 Pluviôse an VII.

Le commissaire principal informe que le C.ᵉⁿ François *Mauglars*, capitaine du dugger *l'Étoile du Nord*, d'Altona, a eu la hardiesse de mouiller près des Olives, pour porter secours à un bâtiment naufragé, nommé *le Pigeon*, prise faite par le corsaire *la Vengeance* ; qu'il a sauvé treize

Français et quatre Anglais faisant partie de l'équipage.
Le temps affreux qu'il éprouva l'ayant forcé d'abandonner ses ancres, ce fut avec regret qu'il ne put sauver les
sept autres Français restés à bord de ce bâtiment.

CHERBOURG, 3 Nivôse an VII.

Le commissaire de marine annonce l'action d'éclat du
C.en *Pouppeville*, commandant le corsaire *la Rancune*, de
la Hougue, armé seulement de deux pierriers et de quelques fusils, qui s'est emparé de plusieurs bâtimens anglais,
en sautant à bord d'un brig armé de quatre canons de 4,
quatre pierriers, quatre espingoles, qui escortait ce convoi.

Le Gouvernement a fait présent à ce brave officier,
d'un sabre de la manufacture d'armes de Versailles, et a
consulté le chef d'état-major pour lui donner de l'avancement dans la marine militaire.

BREST, 3 Ventôse an VII.

L'ordonnateur de marine rend compte de l'accident
arrivé au C.en Louis-Aucharest, soldat d'artillerie, embarqué sur le vaisseau *le Censeur*. Cet homme tombe à la
mer : le C.en Claude *Kernenséré*, quartier-maître affecté à
la citerne de la Tour-noire, estropié d'une jambe, ne
consulte que le besoin de secourir un autre homme près
de périr ; il se jette à la mer ; et, malgré son infirmité, il
parvient, après avoir lutté contre des obstacles multipliés,
à sauver ce soldat d'artillerie.

RENNES, 4 Ventôse an VII.

Le commissaire du Directoire exécutif près l'administration du département d'Ille-et-Vilaine, rend compte
qu'au moment du coup de vent qui fit submerger trois
bateaux sur les bords de Port-Solidor, à Port-Malo, le

C.^{en} Gallais, capitaine du corsaire *la Lame*, tomba à la mer en montant son canot : le C.^{en} René *Rosse*, officier marin, témoin de cet accident, dirige son bateau, qu'il manœuvrait avec un seul aviron, au lieu où il pouvait juger que le capitaine Gallais avait disparu : il lutte contre les vents, il avance, il a le bonheur de l'atteindre et de s'en saisir. Le froid excessif qu'il éprouvait et qui paralysait ses mains, exposait encore le malheureux capitaine, qui respirait à peine. René *Rosse*, animé par les nouveaux dangers que courait son compatriote près de lui échapper, redouble d'efforts, et il parvient enfin à le rendre à la vie en l'arrachant aux flots irrités.

HAVRE, 19 Germinal an VII.

Le chef d'état-major fait un rapport sur un trait d'humanité qui honore le C.^{en} Jean-François-Adrien *Prevost*, aide-timonnier, embarqué sur *le Pilade*.

Un mousse de la canonnière *la Marguerite* tombe à la mer entre deux bords. Adrien *Prevost* franchit le bâtiment sur lequel il était embarqué, se précipite dans les flots; il atteint heureusement ce petit mousse, et le ramène à son bord.

Le C.^{en} Moncabrié, en rendant compte de cette action généreuse, rappelle qu'à bord du *Northumberland*, en rade de Brest, le 14 floréal an 2, le même homme a sauvé un mousse qui était tombé à la mer, également entre deux bords.

Un arrêté du Directoire, du 5 floréal an 7, alloue 300 francs de récompense au C.^{en} *Prevost*.

HAVRE, 25 Germinal an VII.

Le chef des mouvemens maritimes rapporte un trait d'humanité et de courage dont le C.^{en} Herblin, commandant la canonnière *l'Enflammée*, a été témoin.

Le 23 de ce mois, à midi, la mer très-houleuse, au moment où la canonnière appareillait pour Brest, un jeune homme de l'équipage, embarrassé dans le grelin, tombe à la mer. Ses forces s'étant épuisées en luttant contre les flots, il était au moment de succomber faute de secours prompts, lorsque les C.ens *Robin* et *Carpentier*, maître et aide canonnier, dans ce moment occupés à mettre le canot à la mer pour le secourir, trouvant ces moyens trop lents, se précipitent dans l'eau. *Robin*, ayant le premier atteint ce jeune homme, s'en saisit au moment où il allait disparaître ; il le prend sous les bras, quoique mourant, et l'aide à prendre haleine ; et en cette posture, ne nageant plus qu'avec les pieds, il parvient, avec cette constance courageuse, à le rapporter à son bord et à le rappeler à la vie.

ROCHEFORT, *29 Frimaire an VII.*

Le commandant des armes donne des détails intéressans sur le combat de la corvette française *la Baïonnaise* contre la frégate anglaise *l'Embuscade.*

La Baïonnaise, commandée par le lieutenant de vaisseau Edmond *Richer*, revenant de Caïenne, était parvenue, sans aucune mauvaise rencontre, par les 46° 27′ de latitude ; elle se trouvait alors à trente-cinq ou quarante lieues de la côte, lorsque, le 24 frimaire, elle eut connaissance d'un bâtiment presque aussitôt reconnu pour frégate. Le C.en *Richer* manœuvra pour l'éviter, conformément à ses instructions, étant parfaitement assuré, par les signaux de reconnaissance qui lui furent faits, que cette frégate était ennemie. Il prit alors chasse, en préférant la bordée qui lui faisait plus particulièrement le vent qu'il avait sur l'ennemi. Le vent ayant infiniment diminué, il s'aperçut qu'il était considérablement gagné, et qu'il lui serait impossible d'éviter un engagement. Il se prépara au combat, et vit avec plaisir que son équipage montrait la plus grande ardeur. La frégate ennemie, s'étant approchée à demi-portée de canon , assura son pavillon d'un seul coup de canon. La corvette riposta à l'instant , en déployant celui de la République : le combat s'engagea, et dura , sans être décisif , depuis onze heures du matin jusqu'à une heure après midi , les deux bâtimens chassant toutes voiles dehors. La frégate cessa son feu pendant un instant, et força de voiles pour gagner le travers de la corvette ; alors le combat devint terrible à demi - portée de fusil. *La Baïonnaise* perdit beaucoup de monde dans ce second engagement ; sa position, se trouvant au vent de l'ennemi, décida le capitaine *Richer* d'aborder la frégate anglaise. Il avait déjà fait prendre les dispositions nécessaires pour faire réussir cette manœuvre, lorsqu'il entendit un cri général de l'équipage qui demandait l'abordage : il fit faire silence , et leur dit qu'il était certain de leur bravoure et de leur amour pour la patrie, et qu'il comptait sûrement qu'ils en allaient donner des preuves. Il donne l'ordre d'arriver. Au moment où il allait faire l'abordage, une bordée tirée à bout touchant par l'ennemi lui fit perdre beaucoup de monde ; il fut lui-même blessé , ainsi que presque tous ses officiers ; deux seulement ne furent pas atteints. Cette décharge ne ralentit pas l'ardeur de nos marins, et l'abordage eut lieu. Le beaupré de *la Baïonnaise* s'engagea dans les haubans d'artimon de la frégate ennemie. Les Anglais abandonnèrent sur-le-champ le gaillard d'arrière et se retranchèrent sur le gaillard d'avant et les passavans, d'où ils furent débusqués dans moins d'une demi-heure et forcés d'amener.

Cette frégate, nommée *l'Embuscade* , portant vingt-six canons de 16 en batterie, huit canons de 8 sur les gaillards, et six obusiers de 36, était commandée par le capitaine de vaisseau Jennekins, qui a été dangereusement blessé. Le capitaine *Richer* l'est aussi : d'après le rapport fait à Rochefort, il sera estropié du bras gauche.

Il est presque impossible de peindre l'ardeur et le courage que les marins et les soldats ont manifesté dans cette mémorable affaire ; les mousses y ont pris part avec le même acharnement. Voici un trait d'un de ces enfans, qui ferait honneur à nos meilleurs soldats ; il est ainsi rapporté dans le *Rédacteur*, n.º 1108 du 9 nivôse an 7 :

« Joseph-Marie *Richard*, âgé de douze ans, mousse sur la corvette *la Baïonnaise*, attaché au C.^{en} Ledausseur, officier passager, après avoir vu tomber son maître, se saisit d'un de ses pistolets, saute de nouveau à bord de l'ennemi, et ajuste le soldat qui lui avait porté le coup mortel, en s'écriant : Tu n'en tueras pas d'autres, et mon maître sera vengé. »

LA CIOTAT, *29 Prairial an VII.*

L'administration municipale et le commissaire du Directoire font part d'un trait de courage dont voici le détail :

Le 28 prairial an 7, un bateau génois, entré en ce port, a déclaré qu'il avait été pris par un bateau catalan, à une lieue au large, portant pavillon anglais ; qu'on lui avait enlevé toutes les marchandises qu'il avait à son bord, et qu'il a ensuite été relâché ; que ce bateau catalan avait pris trois autres petits bâtimens français chargés de blé et de farine, dont un venant d'Arles et destiné pour Toulon.

Sur cet avis , le sous-commissaire fit partir la chaloupe canonnière *la Salamandre*, capitaine Rugier, pour aller à la poursuite du corsaire capteur. Ce bâtiment se rendit jusqu'à un quart de lieue, et entra dans l'anse de Figuerolle d'où il revînt deux heures après. Le capitaine déclara que son bâtiment ne marchait pas assez pour pouvoir atteindre le corsaire, et qu'il ne pouvait tenir la mer qui était trop grosse pour lui.

A l'instant, le C.^{en} *Cusin* aîné, l'un des prud'hommes des pêcheurs, avec son frère, patron-pêcheur, s'offrirent de partir avec leur bateau pour aller à la poursuite du corsaire : ils l'armèrent en dix minutes, et l'officier commandant le détachement en cantonnement à la Ciotat, leur fit donner des fusils , et y joignit quatre volontaires de la 34.ᶜ demi-brigade.

Ils partirent à cinq heures après-midi ; ils atteignirent le corsaire sur les dix heures : ils l'abordèrent , et s'en emparèrent , ainsi que de deux des trois prises, et rentrèrent dans le port vers minuit. Ils n'ont pu ramener la troisième prise, qui avait été déjà envoyée au corsaire dont le bateau catalan n'était que la mouche.

Les C.ᵉⁿˢ *Cusin* , toujours remplis de zèle et de courage , se sont rembarqués sur le bateau catalan dont ils s'étaient emparés , pour aller à la recherche du corsaire, espérant que , reconnaissant sa mouche , il s'en laisserait approcher et qu'ils pourraient l'aborder ; mais ils l'ont cherché inutilement , et ils sont rentrés.

Ces citoyens ont ainsi mérité les applaudissemens de tous leurs concitoyens ; et l'administration municipale les leur manifestera dès qu'ils seront sortis de quarantaine.

PLYMOUTH , 3 Nivôse an VII.

Le chef de division *Bompard* , prisonnier de guerre français, adresse le procès - verbal du combat et de la prise par les Anglais, du vaisseau *le Hoche* , de 74 canons, qu'il commandait.

Le 20 vendémiaire an 7 , le grand mât de hune cassa en trente pièces, et la vergue, par sa chute, défonça la grande voile entièrement déralinguée et emportée par la force du vent. On s'occupa à parer la grande vergue engagée et chargée du poids de la vergue , du gréement et du tronçon du grand mât de hune.

A deux heures, les ennemis, que la division française avait aperçus, lui appuyèrent la chasse. Dans ce moment pressant, il fut décidé que, pour débarrasser plutôt la grande vergue, il fallait couper le gréement du grand mât de hune pour pouvoir enverguer une nouvelle grande voile, manœuvrer et prêter le côté à l'ennemi. Il fallait faire ce sacrifice, puisqu'on était dans l'impossibilité d'y placer un autre mât, les élongis et une partie de la hune à stribord de l'avant ayant été brisés par sa chute.

A quatre heures un quart, la frégate *la Résolue* signala que ses pompes étaient insuffisantes pour franchir sous les quatre corps de voile. Le commandant *Bompard* envoya, à six heures, la mouche *la Biche*, pour prévenir le capitaine de *la Résolue* qu'il ne pouvait lui donner aucun secours, et lui ordonner de s'éloigner en faisant fausse route, puis de faux signaux en mettant des feux ou lançant des fusées. *La Biche* revint à huit heures rendre compte que les ordres avaient été transmis.

Le 21, à cinq heures du matin, on s'aperçut que les Anglais avaient joint la division française. Le commandant donna l'ordre de se rendre à son poste. A la pointe du jour, la mer étant très-houleuse, la division française se trouva entourée par celle anglaise. Le capitaine *Bompard* fit signal de ralliement ; il fut exécuté promptement.

A six heures et demie, ayant reconnu qu'il se trouvait nord et sud du lac Swly, côte d'Irlande, le commandant *Bompard* voulut en tenter l'entrée ; il fit le signal de former l'ordre de front et de se préparer à mouiller : on obéit, mais dix minutes après, l'ennemi s'approcha à grande portée. La frégate *l'Immortalité* ayant forcé de voiles, doubla le vaisseau *le Hoche* par stribord, et commença à tirer sans en avoir reçu l'ordre. Le capitaine *Bompard* lui héla l'ordre de cesser son feu ; mais elle n'exécuta pas cet ordre et elle vint se mettre devant *le Hoche :* les autres frégates imitèrent sa manœuvre, pêle-mêle, sans en avoir reçu l'ordre.

A six heures trois quarts, le vaisseau anglais *le Robuste,* de 74, et le vaisseau rasé *le Magnanime,* joignirent *le Hoche.* Le combat s'engagea par stribord, le bord opposé à l'ennemi, qui, en revirant, vint le prendre par bâbord : *le Hoche* continua le combat sur le côté.

De sept heures à sept heures et demie, toute la division anglaise réunie, le vaisseau *le Hoche* en essuya tout le feu en combattant à portée de fusil. Le vaisseau *le Robuste*

le

(65)

le prenait par le travers ; le vaisseau *le Magnanime*, *le Foudroyant*, de 80 canons, et la frégate *l'Amélie*, ci-devant *la Proserpine*, le canonnaient par l'avant et par la hanche ; et sur les dix heures, vers la fin du combat, le vaisseau *le Canada* le canonna en poupe.

Le vaisseau *le Hoche*, totalement dégréé ; ses étais, ses drisses, ses haubans et galhaubans coupés ; ses voiles hachées ; plusieurs vergues rompues et tombées, ses mâts criblés ; dix pièces de canon démontées dans la batterie de 36, six dans la batterie de 18, six sur les gaillards, deux caronnades sur la dunette ; les rehacnges en brague, les palans, hampes, écouvillons, pinces, les munitions de caronnades, les boulets ramés et les mitrailles entièrement consommés ; la barre engagée par un canon de retraite qui avait basculé : tous ces revers, et le calme dans lequel il se trouvait, l'empêchaient de gouverner.

Dans cet état, après avoir soutenu pendant trois heures trois quarts, un combat contre des forces si supérieures, *le Hoche* se rendit à dix heures et demie du matin. Le commandant *Bompard* ne s'y détermina qu'après les rapports qu'on lui répéta plusieurs fois, qu'il ne restait plus de place pour les blessés, et qu'il y avait cinq pieds d'eau dans la cale et neuf pouces dans la batterie de 36.

TOULON, 25 Thermidor an VII.

L'ordonnateur de marine fait part d'un acte de bienfaisance et de générosité de l'équipage de la corvette de la République *la Badine*, en faveur du capitaine ligurien Michel Piato, commandant la tartane *Notre-Dame-du-Rosaire*, reprise par cette corvette sur un corsaire ennemi nommé *le Tigre*.

D'après l'exposé touchant que fit le capitaine *Piato* de sa situation au C.^{en} *Beaulieu*, commandant de la corvette, et sur sa déposition attestant que lorsque sa tartane fût prise, il avait à son bord une somme de 2400 francs

E

qui lui appartenait, ce commandant fit fouiller les prisonniers, sur lesquels on trouva 288 francs 60 centimes,
argent de France : ayant fait connaître à son équipage
les besoins du capitaine ligurien, et l'ayant consulté sur
la destination de la somme trouvée, ces généreux marins
décidèrent unanimement qu'elle serait rendue à ce capitaine, auquel elle fut remise.

L'ordonnateur ajoute que ce trait honorable méritant
d'être connu, il l'a fait insérer dans le Journal du commerce de Marseille; mais cette feuille étant peu répandue,
il desire qu'on le fasse connaître plus authentiquement.

––––––

Correspondance officielle de LORIENT. Thermidor.

Un enfant, nommé Pierre Blanche, était tombé à la mer,
à marée haute. Cet enfant, qui ne savait point nager, se
débattait entre deux eaux et allait perdre la vie, si le
C.en *Bédisque*, quartier-maître de Belle-Ile en mer, ne se
fût jeté promptement à la mer, tout habillé, et sans aucune
considération des dangers auxquels il a été exposé lui-
même. L'enfant est redevable de la vie à ses prompts
secours.

Correspondance officielle de TOULON. Thermidor.

Quinze cents de nos braves frères d'armes se trouvaient
cernés dans l'île d'Elbe par plus de huit mille insurgés.
Il ne leur restait d'autre ressource que de se jeter à la
mer pour gagner la rade, lorsque le commandant de
l'aviso de la République, *la Capricieuse*, ordonna au
C.en Maurice *Delille*, aspirant de marine, et fils de l'ingénieur de l'arrondissement de Beaucaire, d'aller à leur
secours avec la chaloupe. Cet intéressant jeune homme,
n'envisageant que le danger de ses frères d'armes, obéit à
l'instant ; et traversant la rade au milieu d'une grêle de
balles, il parvint par ses manœuvres à aborder le rivage.

Il réussit, malgré le feu violent de l'ennemi, à faire seize voyages ; mais au dernier, accablé par le nombre, il fut fait prisonnier avec dix de ses matelots et quelques soldats. Il était depuis quinze jours entre les mains des révoltés, exposé à chaque instant à se voir fusiller, lorsqu'il fut délivré avec ses camarades par les troupes cisalpines qui arrivèrent dans l'isle. Le jeune et brave marin a trouvé une nouvelle récompense dans son avancement.

Correspondance officielle du HAVRE. Fructidor.

Le 21 thermidor, le C.^{en} Bunel, lieutenant de port à Honfleur, vieillard de quatre-vingt-quatre ans, mais encore très-actif, présidait à l'ouverture du pont placé à l'entrée du bassin, pour en faire sortir les barques de pêche, lorsque, choqué par un citoyen qui passait rapidement, il tomba dans l'eau. Le C.^{en} *Corset,* capitaine caboteur, s'y jeta aussitôt tout habillé ; et quoiqu'il ne sût pas nager, il parvint à en retirer le C.^{en} Bunel.

Le 22 du même mois, un petit bateau chargé de bois, et monté par trois hommes, sombra sous voiles à moitié de la traversée de Honfleur au Havre. L'équipage fut heureusement sauvé par les C.^{ens} *Duchemin* le jeune et *Dasulva,* patrons de deux barques qui se trouvaient à peu de distance. Ils prirent le bateau à la remorque, dans l'intention de le conduire au Havre. La violence du vent, qui les mit à leur tour dans le plus grand danger, les obligea de faire côte avec avarie de leurs bateaux, malgré les prompts secours de l'administration maritime.

OUVRAGES DE SCIENCES,

DE LITTÉRATURE

ET DE BEAUX-ARTS,

Qui ont été distingués par l'Institut national des sciences et des arts.

Nota. L'Institut national a déclaré qu'il ne proposerait point de proclamer des noms pris parmi ceux de ses membres tant résidens que non-résidens, soit parce qu'étant juge, il ne croit pas devoir prononcer sur le mérite des ouvrages que ses membres ont livrés au public, soit parce qu'il rend chaque année publiquement au Corps législatif compte de ses travaux.

SCIENCES MATHÉMATIQUES

ET PHYSIQUES.

Le C.^{en} KRAMP, professeur de physique et de chimie à l'école centrale du département de la Roër, à Cologne, auteur d'un ouvrage intitulé : *Analyse des réfractions astronomiques et terrestres.*

Le C.^{en} HENRI FOUQUET, professeur à l'école de médecine de Montpellier, auteur d'un ouvrage intitulé : *Observations sur la constitution des six premiers mois de l'an 5, à Montpellier, et sur les principales maladies qui ont régné pendant ce sémestre dans cette commune et aux environs.*

Le C.^{en} PAJOT DESCHARMES, auteur d'un procédé pour *souder, laminer, décolorer et débouillonner les glaces.*

SCIENCES MORALES

ET POLITIQUES.

L'Institut national n'a indiqué aucun ouvrage de morale ni de politique.

LITTÉRATURE ET BEAUX-ARTS.

LITTÉRATURE.

Le C.^{en} SYLVESTRE SACY, département de la Seine. Il a donné, sous le titre de *Notices de Manuscrits,* publiées à l'imprimerie de la République (tome IV), des *Mémoires sur l'Histoire et la Littérature orientales.* Dans le plus grand nombre il a analysé des monumens précieux de l'histoire trop peu connue du *Yemen* et d'autres contrées de l'Arabie. Un mémoire particulier traite des manuscrits arabico-espagnols, remarquables par l'usage qu'on y a fait des caractères arabes, pour écrire des discours composés en langue espagnole.

PEINTURE.

Le C.^{en} HENNEQUIN *(Phil. Aug.)*, de Lyon, élève de *David,* auteur du tableau allégorique représentant *le Triomphe du Peuple français au 10 Août,* exposé au sallon du Muséum, sous le n.° 156.

SCULPTURE.

Le C.^{en} FOUCOU (J. J.) de Riez, département des Basses-Alpes, élève de *Caffieri,* auteur de la statue de marbre de *Duguesclin,* exposée au Muséum sous le n.° 422.

MUSIQUE ET DÉCLAMATION.

Le C.[en] DALEYRAC, du département de la Haute-Garonne, auteur de la musique de deux opéra, intitulés :

Le Château de Montenero.

Les deux prisonniers.

À PARIS, DE L'IMPRIMERIE DE LA RÉPUBLIQUE.

Jours Complémentaires an 7.